ALAIN BADIOU
WIDER DEN GLOBALEN KAPITALISMUS

W0172271

Das Buch

Die westliche Welt ist verunsichert wie schon lange nicht mehr. Die Novembermorde von Paris erschüttern unser eurozentrisches Selbstverständnis. Alain Badiou stellt entscheidende Fragen: Wie konnte es zu den Gewaltexzessen kommen? Wie können westliche Gesellschaften darauf reagieren und dennoch liberale Rechtsstaaten bleiben? Erfüllt der Staat überhaupt noch seine Funktion? Kann es sein, dass fast die ganze Welt von einer totalitären, kapitalistischen Logik unterminiert ist – und Gesellschaften dadurch einen neuen Typus von Faschismus generieren, der unter anderem solche Gräueltaten ermöglicht?

Fest steht: Mehr Polizei wird dieses Problem genauso wenig lösen wie der Rückzug auf nationale Identitätskonzepte. Stattdessen fordert Badiou, dass wir dem globalen Kapitalismus entgegentreten: mit einem neuen politischen Denken, das die herkömmlichen politischen Strukturen überwindet und in eine moderne Form des Kommunismus mündet.

Der Autor

Alain Badiou, geboren 1937 in Rabat, Marokko, ist Philosoph, Mathematiker, Dramaturg und Romancier. Er lehrte unter anderem an der Pariser Universität Paris VIII, an der École normale supérieure (ENS) und am Collège international de philosophie. Heute hat er den Descartes-Chair an der European Graduate School inne. Badiou lieferte wichtige Beiträge zur Psychoanalyse, zum wissenschaftlichen Marxismus und zur Kulturkritik. 1985 war er Mitbegründer der Bürgerrechtsorganisation »Organisation politique«.

ALAIN BADIOU

WIDER DEN GLOBALEN KAPITALISMUS

FÜR EIN NEUES DENKEN IN DER POLITIK NACH DEN MORDEN VON PARIS

Aus dem Französischen
von Caroline Gutberlet

Ullstein

Der Originaltitel des Textes lautet:
Notre mal vient de plus loin. Penser les tueries du 13 novembre.

Dieser Text ist die Mitschrift eines Vortrags, den Alain Badiou am 23. November 2015 im Théâtre de la Commune in Aubervilliers gehalten hat. Der Autor dankt der Leiterin des Theaters Marie-José Malis für ihre spontane Zusage und ihren Mitarbeitern für den freundlichen Empfang.

ISBN 978-3-550-08152-1
© 2016 für die deutsche Ausgabe Ullstein Buchverlage GmbH, Berlin
© 2016 Alain Badiou
© 2016 Librairie Arthème Fayard
Alle Rechte vorbehalten
Umschlaggestaltung: Sabine Wimmer, Berlin
Umschlagfoto: © privat
Gesetzt aus der Adobe Garamond
Satz: LVD GmbH, Berlin
Druck und Bindearbeiten: CPI books GmbH, Leck
Printed in Germany

Inhalt

Vorbemerkung

Ich möchte heute darüber sprechen, was am Freitag, dem 13. November passiert ist, darüber, was uns passiert ist, was dieser Stadt, was diesem Land und letztlich auch dieser Welt passiert ist.

Zunächst möchte ich auf die Geisteshaltung zu sprechen kommen, die wir, so denke ich, einnehmen sollten, wenn wir über eine so schreckliche Tragödie sprechen; denn in solchen Situationen ist natürlich der Affekt, die emotionale Reaktion – wie wir alle wissen und wie uns die Presse und die staatlichen Verantwortungsträger auf gefährliche Weise einschärfen – unvermeidlich und in gewisser Weise auch notwendig. Es gibt eine Art Trauma, das Gefühl einer unerhörten Ausnahmesituation, die den gewohnten Gang des Lebens unterbricht, die Unerträglichkeit des Todes, der plötzlich zuschlägt. Diesem Gefühl kann sich niemand entziehen, es ist nicht zu kontrollieren und auch nicht zu beanstanden.

Trotzdem müssen wir wissen – und das ist mein Ausgangspunkt dafür, um einzubeziehen, was ich Geisteshaltung nenne –, dass uns unter solchen tragischen Umständen die unvermeidlichen Affekte mehreren Gefahren aussetzen. Auf diese Gefahren möchte ich eingehen, bevor ich meine Vorgehensweise darlege.

Ich sehe uns mit drei Hauptgefahren konfrontiert, wenn nach diesem Drama Trauma und Affekt die Oberhand gewönnen.

Erstens, wir lassen zu, dass der Staat sinnlose und inakzeptable Maßnahmen ergreift, die in Wirklichkeit nur zu seinem eigenen Nutzen gereichen. Der Staat rückt jäh ins Rampenlicht und findet vorübergehend zu seiner Funktion der symbolischen Repräsentation, als Garant der nationalen Einheit und anderen ähnlichen Attitüden zurück – oder glaubt dies zumindest. Das wiederum lässt uns, wie ich später noch ausführen werde, bei den Regierenden eine ziemlich makabre, doch offenkundige Freude an dieser von Verbrechen geprägten Stimmungslage wahrnehmen. Dennoch gilt es, in dieser Situation Maß zu halten. Bei allem, was getan und gesagt wird, dürfen wir die Fähigkeit nicht verlieren, genau abzuwägen, was unumgänglich oder notwendig und was sinnlos oder inakzeptabel ist. Das ist in meinen Augen die erste Vorsichtsmaßnahme: Es gilt, Maß zu halten angesichts der, ich sage es noch einmal, Unvermeidlichkeit und Notwendigkeit der Affekte.

Die zweite Gefahr bei dieser Dominanz des Emotionalen, so möchte ich es nennen, besteht darin, dass der Trieb nach Identität stärker wird. Auch das ist ein ganz natürlicher Vorgang. Wenn ein Angehöriger bei einem Unfall ums Leben kommt, dann ist es selbstverständlich, dass die Familie sich versammelt, enger zusammenrückt und in einem gewissen Sinne auch stärker wird. In diesen Tagen versichert man uns, ja man sagt uns immer und immer wieder mit der Trikolore in der Hand, dass ein entsetzliches Massaker auf französischem Boden das Nationalgefühl nur stärken kann. Als würde dieses Trauma automatisch auf eine Identität verweisen. Mithin werden die Worte *français* und *France* allerseits so ausgesprochen, als wären sie ein selbstverständlicher Teil dieser Angelegenheit. Doch hier drängt sich die Frage auf: Mit welcher Begründung? Was genau ist »Frankreich« in diesem Zusammenhang? Wovon ist eigentlich die Rede, wenn man heute »Frankreich« und »die Franzosen« sagt? In Wirklichkeit sind das sehr komplexe Fragen. Und diese Komplexität darf man auf keinen Fall aus den Augen verlieren: Die heutige Bedeutung der Worte

France und *français* ist weder besonders trivial noch besonders eindeutig. Außerdem sollten wir, denke ich, uns die Mühe machen und uns daran erinnern – gegen jeden identitären Trieb, der das schreckliche Ereignis in einem trügerischen Schein verhüllt –, dass es überall auf der Welt Tag für Tag zu solchen Massenmorden kommt. Tag für Tag, in Nigeria und in Mali, erst kürzlich wieder im Irak, in Pakistan und in Syrien. Auch wäre es wichtig, sich daran zu erinnern, wie sehr sich unser Mitgefühl hierzulande in Grenzen gehalten hat, als vor wenigen Tagen mehr als zweihundert Russen in einem sabotierten Flugzeug massakriert wurden. Die vermeintlichen »Franzosen« haben diese Russen wohl mit dem bösen Putin in einen Topf geworfen!

Ich denke, dass es zu den grundlegenden Aufgaben der Justiz gehört, den Raum für die öffentlichen Affekte beständig und so weit wie möglich zu erweitern, seine identitär motivierte Beschneidung jedoch zu unterbinden; sich zu erinnern und sich bewusst zu sein, dass das Unglück ein Raum ist, dem im Endeffekt die ganze Menschheit als Maßstab zugrunde liegt und der niemals mit Äußerungen vermessen werden darf, die ihn auf Identität reduzieren. Andernfalls wird durch das Unglück selbst bewiesen, dass Identität das Einzige ist, was zählt. Die Vorstellung jedoch, dass das Einzige, was bei einem Unglück zählt, die Identität der Opfer sei, birgt eine gefährliche Wahrnehmung des tragischen Ereignisses, denn zwangsläufig *verwandelt diese Vorstellung Recht und Gerechtigkeit in Rache.*

Zweifellos ist die Verlockung der Rache bei Massenverbrechen dieser Art ein Impuls, der nur zu natürlich erscheint. Der Beweis dafür ist, dass in unseren Ländern, die sich unentwegt mit ihrer Rechtsstaatlichkeit brüsten und die Todesstrafe ablehnen, die Polizei bei solcherlei Vorfällen kurzen Prozess mit den Mördern macht, sobald sie auf sie trifft, statt es auf einen ordentlichen Prozess ankommen zu lassen – worüber sich übrigens keiner aufzuregen scheint. Dabei ist Rache, das sollten wir nicht vergessen, alles andere als eine gerechte Handlung und setzt immer einen Teufelskreis von Gräueltaten in Gang. In den großen griechischen Tragödien, schon lange ist es her, stehen sich die Logik des Rechts und die Logik der Rache gegenüber. Die Allgemeingültigkeit des Rechts steht im Gegensatz zur Rache der Familie, der Provinz, der Nation, der Identität. Das ist das zentrale Thema der *Orestie* von Aischylos. Sie zeigt, dass gerade die Triebfeder des Identitären die Gefahr birgt, die Suche nach den Mördern als bloß rächende Treibjagd zu begreifen: »Wir werden unsererseits diejenigen töten, die getötet haben.« Mag sein, dass diesem Wunsch, jene zu töten, die getötet haben, etwas Unvermeidliches anhaftet. Trotzdem gibt es keinen Grund zur Freude, keinen Grund, dies als Sieg des Denkens, des Geistes, der Zivilisation und der Gerechtigkeit hinauszuschreien oder zu rühmen. Rache ist eine primitive, niederträchtige und obendrein gefährliche Größe, das haben uns die Griechen schon vor langer Zeit gelehrt.

In diesem Zusammenhang bereiten mir bestimmte Dinge, die wie selbstverständlich begrüßt wurden, Sorge. Ein Beispiel: Obamas Erklärung.*

Sie kam ganz unscheinbar daher. Besagte, dass das schreckliche Verbrechen nicht nur ein Verbrechen gegen Frankreich, ein Verbrechen gegen Paris sei, sondern ein Verbrechen gegen die Menschheit. Sehr gut, absolut richtig. Das Problem ist nur, dass Obama nicht jedes Mal, wenn ein Massenmord dieser Art stattfindet, eine solche Erklärung abgibt. Er tut es nicht, wenn sich die Dinge fernab ereignen, in einem unfassbar gewor-

---

* »*Liberté, égalité, fraternité* sind nicht nur französische Werte, sondern Werte, die wir alle teilen«, erklärte US-Präsident Barack Obama in einer Fernsehansprache am Abend des 13. November.

denen Irak, in einem undurchschaubaren Pakistan, in einem fanatischen Nigeria oder in einem im Herzen der Finsternis liegenden Kongo. Seiner Äußerung liegt also die Vorstellung zugrunde, dass die geschundene Menschheit eher in Frankreich und in den USA beheimatet ist als in Nigeria, in Indien, im Irak, in Pakistan oder im Kongo.

In Wirklichkeit will Obama uns daran erinnern, dass für ihn die Menschlichkeit in erster Linie mit unserem guten alten Abendland verbunden ist. Die Aussage »Menschlichkeit = Abendland« vernehmen wir wie einen Basso continuo aus vielen Verlautbarungen, von offizieller Seite ebenso wie von Journalisten. Eine Spielart dieser unannehmbaren identitären Anmaßung, auf die ich noch zu sprechen komme, ist der Gegensatz zwischen Barbaren und Zivilisierten. Im Sinne der elementarsten Rechte ist selbst die leiseste, ungewollte, indirekte Andeutung, Teile der Menschheit seien menschlicher als andere, skandalös. Aber ich fürchte, dass es in dieser Sache bereits dazu gekommen ist und weiterhin dazu kommen wird.

Ich denke, dass wir mit einer Gewohnheit brechen müssen, die auch in der Form sehr präsent ist, in der die Dinge erzählt, präsentiert, arrangiert oder im Gegenteil verschwiegen und gefiltert werden, ja, dass wir uns der fast schon in unser Unterbewusstsein eingeschriebenen Gewohnheit entledigen müssen, zu denken, ein Toter aus dem Westen bedeute etwas Schreckliches, aber tausend Tote in Afrika, in Asien, im Nahen Osten und sogar in Russland seien im Grunde genommen gar nicht so schlimm. Dieser Habitus, sich selbst als Repräsentant der gesamten Menschheit, der menschlichen Zivilisation als solcher, zu begreifen, ist das Erbe des kolonialen Imperialismus, das Erbe des sogenannten Westens, sprich der fortschrittlichen, zivilisierten, demokratischen Länder. Das ist die zweite Gefahr, die uns droht, wenn wir nur aus dem Affekt heraus reagieren.

Dann gibt es noch eine dritte Gefahr, die darin besteht, dass wir genau so handeln, wie es der Absicht der Mörder entspricht: maßlose Reaktionen auszulösen, die Bühne in einer anarchischen, brutalen Weise pausenlos zu besetzen und schließlich das Umfeld der Opfer derart in Erregung zu versetzen, dass man am Ende nicht mehr unterscheiden kann, wer das Verbrechen initiiert und wer es erlitten hat. Das Ziel dieser Art von Gemetzel, dieser Art von niederträchtiger Gewalt ist es nämlich, bei den Opfern, ihren Familien, Nachbarn und Landsleuten ein dunkles Subjekt zu aktivieren, so möchte ich es nennen, ein niedergeschlagenes und auf Rache sinnendes dunkles Subjekt. Ein Subjekt, das sich infolge der brutalen und kaum zu erklärenden Schlagkraft des Verbrechens – und zugleich in Übereinstimmung mit der Strategie seiner Drahtzieher – herausbildet. Diese Strategie antizipiert die Wirkung des dunklen Subjekts: Die Vernunft schwindet (und mit ihr die politische Räson), der Affekt gewinnt die Oberhand, und es verbreitet sich eine Mischung aus Niedergeschlagenheit (»ich bin sprachlos«, »ich bin geschockt«) und Rachsucht, die dem Staat und den amtlichen Rächern freie Hand gibt. Am Ende ist das dunkle Subjekt seinerseits zum Schlimmsten fähig und muss von allen geradezu spiegelbildlich zu den Drahtziehern des Verbrechens wahrgenommen werden.

Um diese drei Gefahren abzuwehren, muss es uns, so denke ich, gelingen, das Geschehene *zu denken*. Wir gehen dabei von einem Prinzip aus: *Alles, was der Mensch tut, ist intelligibel.* Aussagen wie »ich begreife nicht«, »ich werde es nie begreifen« oder »ich kann es nicht begreifen« sind immer eine Niederlage. Nichts sollte der Kategorie des Undenkbaren überlassen werden. Um sich unter anderem dem widersetzen zu können, was zum Undenkbaren erklärt wurde, ist es die Aufgabe des Denkens, ebendieses Undenkbare zu denken. Es gibt ohne Frage absolut irrationale, kriminelle, pathologische Verhaltensweisen, für das Denken sind sie jedoch ein Gegenstand wie jeder andere auch, durch sie setzt das Denken nicht aus, noch gerät es außerstande, sie zu ermessen. Etwas für undenkbar zu erklären kommt stets einer Niederlage des Denkens, stets einem Sieg ebendieser irrationalen und kriminellen Verhaltensweisen gleich.

Ich werde hier also versuchen, das Geschehene vollständig zu erhellen. Ich werde diese Massenmorde wie eines von vielen Symptomen der schweren Krankheit der heutigen Welt behandeln, der Welt im Ganzen. Und ich werde versuchen, die Voraussetzungen beziehungsweise mögliche Wege für eine langfristige Genesung von dieser Krankheit aufzuzeigen, deren besonders gewalttätiges und spektakuläres Symptom die weltweit zunehmende Anzahl derartiger Ereignisse ist.

Dieses Streben nach vollständiger Erhellung bestimmt die Gliederung meiner Darlegung, ihre Logik.

Zunächst werde ich versuchen, mich von der Gesamtlage der Welt, so wie ich sie sehe, so wie ich meine, dass man sie synthetisch denken kann, bis zu den Massenverbrechen und zum Krieg vorzuarbeiten, der seitens des Staates verkündet oder erklärt wurde. Von dort werde ich dann in einer Umkehrbewegung zur Gesamtlage der Welt zurückkehren, jetzt aber nicht mehr zu der, wie sie ist, sondern zu jener, wie man sich wünschen muss, dass sie sein soll; was gedacht und getan werden muss, damit vergleichbare Symptome verschwinden.

Unsere Bewegung geht also von der allgemeinen Weltlage hin zum Ereignis, das für uns von Belang ist, und danach kehren wir von dem Ereignis, das für uns von Belang ist, zu der von uns erhellten Weltlage zurück. Diese Bewegung hin und zurück sollte es uns ermöglichen, eine Reihe von Notwendigkeiten und Aufgaben aufzuzeigen. Sie besteht aus sieben aufeinanderfolgenden Schritten. Sie haben also einiges vor sich!

Im ersten Schritt wird die objektive Struktur der heutigen

Welt dargelegt, der allgemeine Rahmen für das, was sich ereignet, was sich hier ereignet hat, was sich anderswo fast tagtäglich ereignet. Diese objektive Struktur der heutigen Welt hat sich ab den achtziger Jahren des letzten Jahrhunderts etabliert. Wo steht unsere Welt heute, im Hinblick darauf, was sich seit etwas mehr als dreißig Jahren erst schleichend, dann offenkundig, schließlich beharrlich etabliert hat?

Im zweiten Schritt werde ich die Auswirkungen dieser Struktur der heutigen Welt auf die Menschen, ihre Verschiedenartigkeit, ihre Verflechtungen und ihre Subjektivitäten untersuchen.

Das ist die Voraussetzung für meinen dritten Punkt, der die Subjektivitätstypen betrifft, die auf diese Weise hervorgebracht wurden. Ich glaube nämlich, dass diese Welt spezifische, zeittypische Subjektivitäten hervorgebracht hat. Ich werde drei Subjektivitätstypen unterscheiden.

Der vierte Teil, der mich dem eigentlichen Gegenstand dieser Darlegung näherbringt, befasst sich mit dem, was ich als heutige Figuren des Faschismus bezeichne. Wie Sie sehen werden, finde ich es angemessen, die Akteure des Geschehens als Faschisten – in einem erneuerten, zeitgemäßen Sinne des Wortes – zu bezeichnen.

An diesem Punkt setzt die Umkehrbewegung ein, hin zu dem, was wir tun müssen, um die Welt so zu verändern, dass derartige kriminelle Symptome keinen Platz mehr darin finden. Der fünfte Teil wird sich also mit dem Ereignis selbst und seinen verschiedenen Bestandteilen befassen. Wer sind die Mörder? Wer sind die Drahtzieher? Und als was soll man ihre Taten bezeichnen?

Im sechsten Schritt geht es um die Reaktion des Staates und die Steuerung der öffentlichen Meinung rund um die Begriffe »Frankreich« und »Krieg«.

Der siebte Teil widmet sich ausschließlich dem Versuch,

ein anderes Denken zu konstruieren, eines, das sich der Steuerung der öffentlichen Meinung und der reaktiven Ausrichtung des Staates entzieht. Hier geht es um die im Verlauf der Darstellung erhellten Bedingungen für das, was ich die Rückkehr der Politik nennen werde, im Sinne einer Rückkehr emanzipatorischer Politik beziehungsweise einer Politik, die es verweigert, sich in das am Ausgangspunkt meiner Überlegungen vorgefundene Weltschema pressen zu lassen.

I

Die Struktur der heutigen Welt

Im Folgenden geht es um die Struktur der heutigen Welt in der Form, wie ich sie sehe, und zugleich in der Form, wie sie uns helfen wird, unser Anliegen zu erhellen. Ich denke, diese Struktur lässt sich grob anhand von drei Aspekten beschreiben, die allerdings sehr verschachtelt und verknotet sind.

Zunächst einmal, und das klingt vielleicht wie eine unselige Banalität, wobei meiner Ansicht nach die Folgen dieser Banalität noch längst nicht absehbar sind: Seit dreißig Jahren wohnen wir dem Triumphzug des globalisierten Kapitalismus bei.

Dieser Triumphzug ist in erster Linie die deutlich sichtbare Wiederkehr der Ur-Energie des Kapitalismus, auch bekannt unter der zweifelhaften Bezeichnung Neoliberalismus, was nichts anderes ist als eine Neuauflage der seit jeher für den Kapitalismus konstitutiven Ideologie des Liberalismus, die zu ihrer alten Wirkungskraft zurückgefunden hat. Es ist nicht sicher, ob das »neo« gerechtfertigt ist. Ich denke nicht, dass das, was geschieht, so »neu« ist, wenn man es aus der Nähe betrachtet. Sicher aber ist, dass der Triumph des globalisierten Kapitalismus eine Art wiedergefundene Ur-Energie ist, die zurückgewonnene, unbestrittene Fähigkeit, jetzt auch, wenn ich das so sagen kann, öffentlich und ohne jede Scham die allgemeinen Merkmale dieser spezifischen Organisationsform der Produktion, des Austauschs und letztlich ganzer Gesellschaften herauszustellen, gepaart mit dem Anspruch, der einzig vernünftige Weg für die Zukunft der Menschheit zu sein. All das, was gegen Ende des 18. Jahrhunderts in England erfunden und formuliert wurde und danach die Welt jahrzehntelang ungeteilt beherrschte, haben unsere heutigen Herren mit grausamer Schadenfreude wieder aufgenommen.

Der globalisierte Kapitalismus ist eine leichte Abwandlung davon. Heute haben wir es mit einem Kapitalismus zu tun, der sich explizit auf globaler Ebene eingerichtet hat. Aber nicht nur, dass dieser globalisierte Kapitalismus seine zersetzende Energie wiedergefunden hat, obendrein hat er sie in einer Weise weiterentwickelt, die dem Kapitalismus heutzutage als anerkannte globale Struktur eine praktisch unangefochtene Herrschaftsform über den gesamten Erdball einräumt.

Die Schwächung der Staaten ist der zweite Aspekt. Er ist eine recht subtile Folge des ersten Aspekts, und es ist überaus interessant, ihn herauszuarbeiten.

Bekanntlich war eines der meistverspotteten Themen des Marxismus das »Absterben des Staates«. Der Marxismus verkündete, dass sich nach der Zerstörung der kapitalistischen Nationalstaaten und im Zuge der Revolution der Wiederaufbau des Staates durch die starke kollektive Bewegung kommunistischen Typs im Endeffekt als Gesellschaft ohne Staat gestalten würde, als »Zusammenschluss freier Individuen«, wie Marx die Gesellschaft definierte. Wir erleben derzeit ein ganz und gar pathologisches Phänomen, nämlich einen kapitalistischen Prozess der Vernichtung der Staaten. Das ist ein grundlegendes Phänomen, selbst wenn es während eines absehbaren historischen Zeitraums durch das Fortbestehen einiger recht starker staatlicher Machtpole verdeckt bleiben wird. In Wahrheit besagt die allgemeine Logik des globalisierten Kapitalismus, dass dieser keinen unmittelbaren oder wesentlichen Bezug zu den fortbestehenden Nationalstaaten hat, weil er sich transnational entfaltet. Ab den sechziger Jahren wurde der multinationale Charakter von Großunternehmen herausgehoben. Seitdem sind diese zu transnationalen Ungetümen ganz anderer Art angewachsen.

Der dritte Aspekt schließlich betrifft die neuen imperialen Praktiken, wie ich sie nennen möchte, die knallharten Aktionsmodi der globalen Ausdehnung des Kapitalismus.

1. Der Triumph des globalisierten Kapitalismus

Der Triumph des globalisierten Kapitalismus ist eine offenkundige Tatsache, die allen präsent ist. Der Weltmarkt ist heute der absolute Bezugspunkt einer globalen Geschichtlichkeit. Er ist ständig Thema. Wenn es die Börse von Shanghai fröstelt, ist alle Welt besorgt, gerät in Panik, fragt sich, was wohl passieren mag, und so weiter.

Mit der Ausdehnung der Vorherrschaft des Weltmarktes als Bezugspunkt globaler Geschichtlichkeit geht eine außergewöhnlich spektakuläre Aggressivität einher. Überall werden wir Zeuge der Zerstörung früherer Versuche, dem Kapital ein Maß anzulegen. Mit Maß meine ich die besonders in der Zeit nach 1945 beschlossenen Kompromisse zwischen der Logik des Kapitals und anderen Logiken. Zu diesen anderen Logiken zählten etwa staatliche Kontrolle, Zugeständnisse gegenüber den Gewerkschaften, Vorbehalte gegen die Unternehmens- und Bankenkonzentration, Teilverstaatlichungen, Kontrollmaßnahmen gegen Exzesse des Privateigentums und Antitrustgesetze. Hinzu kamen Maßnahmen, die die Sozialrechte der Bürger erweiterten, etwa der freie Zugang zum Gesundheitswesen für jedermann, oder aber solche, die Grenzen enger steckten, etwa die Gebührenordnungen in den freien Berufen.

Das alles wird gerade systematisch zerstört, sogar in Ländern, die lange eine Vorbildfunktion hatten. Dabei denke ich noch nicht einmal an die ehemaligen sozialistischen Länder: Frankreich hatte einst die meisten Beispiele für dieses bedachtsame Maßhalten vorzuweisen. Heute wird alles gründlich zerstört. Es begann natürlich mit der Entstaatlichung beziehungsweise Privatisierung. »Privatisierung« ist ein ganz und gar aggressives Wort, auch wenn uns das nicht mehr bewusst ist. Es verweist unmittelbar auf die Tatsache, dass für die Öffentlichkeit bestimmte Aktivitäten wieder in Privateigentum rücküberführt werden. Obwohl heute zur Banalität verkommen, ist das Wort von einer außerordentlichen Aggressivität. Auf dieselbe Weise werden unablässig – egal ob vonseiten der Rechten oder der Linken – ganze Grundpfeiler der Sozialgesetzgebung geschleift, man denke nur an das Arbeitsrecht, die Sozialversicherung, das Bildungswesen.

Der objektive Siegeszug des globalisierten Kapitalismus ist genau besehen eine zerstörerische, aggressive Vorgehensweise. Nicht bloß irgendeine überlegte oder vernünftige Expansion eines spezifischen Produktionssystems. Es ist sehr beunruhigend, dass sich so wenig Widerstand gegen die anhaltende Zerstörung regt. Dieser Widerstand ist faktisch im permanenten Rückzug. Er ist lokal, versprengt, meist auf einzelne Berufsstände und Sektoren beschränkt – und wird nicht von einer globalen Vision getragen. Tatsächlich hält dieser Rückzug seit dreißig Jahren unvermindert an.

Langsam, aber sicher setzt sich die vorherrschende Auffassung durch, dass es sich verbietet, den Kapitalismus auch nur ansatzweise zu mäßigen. In diesem Sinne können wir sagen: Die Logik des Kapitals ist befreit. Der Liberalismus ist befreit. Seit mehr als dreißig Jahren sehen wir mit hängenden Schultern dieser Befreiung des Liberalismus zu, die in zweierlei Gestalt sichtbar wird: in ihrer Globalisierung, das heißt der ungebremsten Expansion des Kapitalismus über ganze Gebiete, wie zum Beispiel China, und zugleich in ihrer ungeheuren Kraft der Kapitalkonzentration, einer für das Kapital typischen dialektischen Bewegung; es dehnt sich aus, und indem es sich ausdehnt, konzentriert es sich. Expansion und Konzentration sind die beiden schlechterdings untrennbar miteinander verbundenen Funktionsmodi des polymorphen Wesens des Kapitals.

Die Konzentration setzt sich in dem Maß fort, wie sich Privatisierungen und Zerstörungen beschleunigen. Wir alle haben, weil sie ziemliches Aufsehen erregte, die Fusion von Fnac und Darty mitbekommen, zwei Perlen des französischen Einzelhandels. Eine Fusion von Buch und Kühlschrank! Dass sie ausschließlich finanzielle Motive hat, ist klar, das kennzeichnet die rein kapitalistische Fusion, die sich wenig um das öffentliche Interesse schert. Auf diese Weise bilden Unternehmenskonzentrationen mit der Zeit Machtpole, vergleichbar mit Staaten, denen sie vielleicht sogar überlegen sind. Es gibt Finanzmachtpole, Produktionsmachtpole, auch Spekulationsmachtpole – immer hängen viele Arbeitsplätze von ihnen ab, nicht selten legen sie sich mächtige Milizen zu. Sie breiten sich überall aus, häufig mit Mitteln der Gewalt und immer durch Korruption. Diese Machtpole sind transnational und stehen daher in einem transversalen Verhältnis zu den Staaten. Staatliche Souveränität ist aus Sicht dieser transnationalen, massiven Mächte nicht mehr selbstverständlich.

Fest steht, dass Total, das größte französische Unternehmen – aber das gilt auch für andere Unternehmen beträchtlicher Größe –, schon seit Jahren für seine Niederlassungen in Frankreich keine Steuern zahlt. Worin besteht aber dann sein »Französischsein«? Der Hauptsitz ist irgendwo in Paris, klar, aber der französische Staat hat, wie Sie sehen, keinen echten Zugriff auf die Machtpole, die sich ihr Französischsein auf die Fahnen schreiben. Auf breiter Ebene, weit verzweigt, ist ein Siegeszug der transnationalen Unternehmen über die Souveränität der Staaten im Gang.

Mit dem objektiven Sieg des Kapitalismus geht auch ein

subjektiver Sieg einher: Der bloßen Idee, es gäbe einen anderen möglichen Weg, wurde der Boden vollständig entzogen. Das ist von größter Bedeutung, denn damit bestätigt sich gleichsam strategisch, dass momentan eine globale, systemisch andersartige Ausrichtung von Produktions- und Gesellschaftsorganisation praktisch nicht zur Hand ist. Daraus resultiert, dass alle Vorschläge zur Wiedereinführung eines Maßes, einschließlich der Vorschläge zum Widerstand, bereits Teil einer defätistischen Sichtweise des Mainstreams sind. Sie erfolgen nicht etwa, um die Territorialität einer solchen Idee strategisch zurückzuerobern. Vielmehr sind sie Ausdruck der ohnmächtigen Sehnsucht unserer Epoche nach gesellschaftlichen Kompromissen und halbstaatlichen Kontrollmaßnahmen gegenüber dem Kapital.

Es ist erstaunlich zu sehen, dass das Programm des Conseil national de la Résistance (CNR, Nationaler Widerstandsrat) das nostalgische Vorzeigemodell schlechthin für Frankreich geworden ist. Es stammt aus einer Zeit – direkt im Anschluss an die Jahre der deutschen Besatzung, in denen die französischen Kapitalisten häufig mit den Besatzern kollaborierten –, als das Bündnis aus Gaullisten und Kommunisten weitreichende Maßnahmen der Verstaatlichung und sozialen Umverteilung durchsetzte.

Die Nostalgiker dieses nachkriegszeitlichen Reformprogramms vergessen dabei allerdings, dass erstens gerade ein Weltkrieg zu Ende gegangen war, zweitens die kollaborierende Bourgeoisie sich nicht zu zeigen wagte und drittens die Kommunistische Partei eine sehr starke Kraft war. Das alles ist heute nicht mehr gegeben. Außerdem ist die sentimentale Rückbesinnung auf das Sozialprogramm des CNR eine Träumerei ohne jeden Bezug zum spektakulären subjektiven Sieg des globalisierten Kapitalismus. Dieser Sieg hat dazu geführt, dass innerhalb von kurzer Zeit, von 1975 bis heute, die starke

Idee, dass es allen Schwierigkeiten zum Trotz immer eine andere Möglichkeit gibt, aufgegeben beziehungsweise fast völlig entkräftet wurde. Noch in den sechziger und siebziger Jahren des letzten Jahrhunderts trieb sie weltweit Millionen von Menschen auf die Straße.

Heute ist diese Idee, die seit dem 19. Jahrhundert unter dem Oberbegriff »Kommunismus« firmiert, allerdings so krank, dass man sich schämt, sie auch nur auszusprechen. Mir geht es nicht so. Aber im Allgemeinen wird sie kriminalisiert. Diese Kriminalisierung mag begründet sein, man denke nur an Stalin. Doch das Ziel der Verfechter kapitalistischer Globalisierung ist mitnichten ein ethisches, wie ihre Federhelden dies glauben machen wollen. Ihr Ziel ist es, den Boden für die Idee einer globalen, weltweiten, systemischen Alternative zum Kapitalismus für immer zu verderben. Aus zwei mach eins. Es ist ein fundamentaler Unterschied, ob in einer Frage zwei Ideen im Widerstreit stehen oder es nur eine einzige gibt. Diese Alleinstellung ist für den subjektiven Sieg des Kapitalismus entscheidend.

2. Die Schwächung der Staaten

Letztlich sind die heutigen Staaten nichts anderes als lokale Verwalter dieser umfassenden globalen Struktur. Abhängig vom Einzelfall fungieren sie als eine Art – im Übrigen unzuverlässiger – Mediator zwischen der allgemeinen oben beschriebenen Logik und Einzelsituationen, die von Ländern, Koalitionen, Föderationen, Staaten und so weiter bestimmt werden. Hingegen muss schon viel zusammenkommen, damit die normative Macht durch Staaten vertreten wird und nur durch sie allein. Natürlich gibt es noch konstituierte staatliche Machtpole, die stark sind oder zumindest eine gewisse Stärke zeigen, man denke an die großen Pole USA und China. Aber auch sie sind von besagtem Prozess nicht ausgenommen. Sie stehen für nichts. Wie bereits erwähnt, sind Großunternehmen so groß wie mittlere Staaten. Im Übrigen erstaunt es doch sehr, dass von den riesigen Bankenkonglomeraten geradezu axiomatisch angenommen wird, sie könnten nicht untergehen: Too big to fail – zu groß, um zu scheitern. Im Zusammenhang mit den großen amerikanischen Banken ist das häufig zu hören. Aber das bedeutet nichts anderes, als dass sich die makroskopische Wirtschaft gegen die staatliche Kompetenz durchsetzt. Das nenne ich die Schwächung der Staaten. Nicht nur, dass sie im Sinne Marx' weitestgehend zu Prokuristen der Kapitalsmacht geworden sind – ich weiß nicht, ob Marx sich jemals vorgestellt hat, dass ihm die Wirklichkeit, wie wir sie seit dreißig Jahren erleben, recht geben würde. Es kommt hinzu, dass ein wachsendes Missverhältnis zwischen den Handlungsspielräumen der jeweiligen Akteure besteht, mit dem Ergebnis, dass der Handlungsspielraum der Großunternehmen sich transversal zu dem der Staaten verhält. Die Macht der großen Industrie-, Bank- und Handelskonglomerate deckt sich nicht mit der Machtsphäre von Staaten oder Staatskoalitionen. Kapitalistische Macht durchkreuzt Staaten derart, dass sie zugleich gänzlich unabhängig und in voller Herrschaft über sie agieren kann.

Das führt mich zu meinem dritten Aspekt, den neuen imperialen Praktiken.

3. Die neuen imperialen Praktiken

Bekanntlich war der einstige Imperialismus des 19. Jahrhunderts ganz und gar der nationalen Idee, dem Nationalstaat verhaftet. Die imperialistische Weltordnung basierte auf der Aufteilung der Welt zwischen mächtigen Nationen auf Konferenzen wie der in Berlin 1885, als man Afrika wie einen Kuchen in Stücke schnitt und sagte: das ist für Frankreich, das für England, das für Deutschland und so weiter. Dann baute das Mutterland einen Machtapparat für die direkte Verwaltung dieser Territorien auf, natürlich mit großen Firmen vor Ort für die Erbeutung der Rohstoffe und vielleicht dem einen oder anderen lokalen Würdenträger, der mitspielte.

Dann gab es die zwei Weltkriege, dann die nationalen Befreiungskriege und den sozialistischen Block, der die nationalen Befreiungskriege unterstützte. Kurzum, all das beendete schrittweise ab den vierziger Jahren bis in die Sechziger hinein das Herrschaftssystem der direkten Verwaltung, den Kolonialismus im engeren Sinne, das heißt die Einrichtung eines Machtapparats durch das Mutterland in den unterdrückten Gebieten.

Unabhängig davon mussten die hoheitlichen Aufgaben zum Schutz der Firmen und zur Kontrolle der Rohstoffkreisläufe und Energieressourcen weiterhin erfüllt werden, teils auch mit staatlichen Mitteln, da diese Aufgabe nicht allein von Söldnern im Dienst der Firmen bewältigt werden konnte. Darum sind die westlichen Staaten seit Jahren, ja seit Jahrzehnten, dort ununterbrochen militärisch aktiv. Allein Frankreich hat in den letzten vierzig Jahren mehr als fünfzig Mal militärisch in Afrika interveniert! Man kann also sagen, dass Frankreich sich in einem schon fast chronischen Mobilisierungszustand befindet, um seinen afrikanischen Vorgarten zu erhalten. Bekanntlich gab es dann die Großeinsätze, die Megakonflikte, den Algerienkrieg, den Vietnamkrieg und schließlich die Zerstörung des Irak – und jetzt das, was im Moment geschieht.

Von einem Ende der imperialen Interventionen kann also nicht die Rede sein. Vielmehr gilt es herauszufinden, was sich an den Modalitäten der imperialen Intervention geändert hat. Denn die Frage ist die gleiche geblieben: Was tun, um unsere Interessen in fernen Ländern zu schützen? Im Zusammenhang mit der Intervention in Mali war in einer seriösen Zeitung zu lesen, diese Intervention sei ein Erfolg gewesen, weil »die Interessen des Westens geschützt« worden seien. Das wurde einfach so behauptet, in aller Unschuld. In Mali werden also die Interessen des Westens geschützt und, so sieht es aus, nicht zuerst die Malier. Übrigens hat man ihr Land in zwei Teile zerteilt – Verteidigung des Westens verpflichtet!

Auch wenn sich also die Modalitäten verändern, angesichts der auf dem Spiel stehenden kapitalistischen Interessensdimensionen bleibt die Notwendigkeit imperialer Interventionen akut: Es geht um Uran, Erdöl, Diamanten, Edelhölzer, seltene Erden, Kakao, Kaffee, Bananen, Gold, Kohle, Aluminium, Erdgas. Die Liste ist unerschöpflich.

Ich denke, hier beginnt sich etwas deutlich abzuzeichnen: Statt die beschwerliche Aufgabe zu übernehmen, Staaten aufzubauen, die unter Vormundschaft des Mutterlandes stehen oder sogar dem Mutterland direkt unterstellt sind, besteht die Möglichkeit, die Staaten einfach *zu zerstören*. Es ist also ein Zusammenhang zu erkennen zwischen dieser Zerstörungsmöglichkeit und der schrittweisen Entstaatlichung durch den globalen Kapitalismus. In bestimmten Gebieten, wo Reichtümer schlummern, lassen sich wunderbar Freizonen einrichten, anarchische Zonen, in denen der Staat nicht mehr anwesend ist und wo man folglich nicht mehr mit dem widerwärtigen Ungetüm verhandeln muss, das ein Staat immer darstellt, selbst ein schwacher. Damit lassen sich das permanente

Risiko, dass ein Staat einen anderen Kunden vorziehen könnte, und sonstige Handelsärgernisse umgehen. In einer Zone, in der es keine echte Staatsmacht mehr gibt, kann das ganze Unternehmervölkchen mehr oder weniger frei schalten und walten. In diesen Zonen herrschen dann halb anarchische Zustände mit teils kontrollierten, teils unkontrollierbaren bewaffneten Banden. Trotzdem gehen die Geschäfte weiter, teilweise sogar besser als vorher. Wir müssen endlich erkennen, dass Firmen, ihre Vertreter, die Generalagenten des Kapitals, anders als gemeinhin gesagt und erzählt wird, durchaus mit bewaffneten Banden verhandeln können, in mancher Hinsicht sogar besser als mit konstituierten Staaten. Es ist nicht wahr, dass staatliche Anarchie und die unvorstellbaren Grausamkeiten, die damit einhergehen, notwendigerweise in einem formalen Widerspruch zur globalen Struktur der heutigen Welt stehen. Wie wir alle feststellen können, ist schon seit geraumer Zeit von der Zerschlagung des sogenannten Islamischen Staates (IS) die Rede, aber in Wirklichkeit ist bis heute nichts Ernsthaftes unternommen worden, außer von den Kurden, die vor Ort sind und eigene Interessen in der Region verfolgen. Alle sagen sich: »Ojemine, dreihunderttausend Mann sollen wir dorthin schicken? Vielleicht sollten wir, wie bisher, die Sache möglichst in Schach halten und sie wie eine ganz normale Geschäftsangelegenheit behandeln ...« Schließlich ist der IS eine Handelsmacht, ein kompetentes, polymorphes Wirtschaftsunternehmen! Er verkauft Erdöl, Kunstwerke und viel Baumwolle – er ist ein Riese der Baumwollproduktion. Der IS verkauft viele Dinge in die ganze Welt. Um zu verkaufen, braucht es immer zwei. Der IS wird wohl kaum der Abnehmer seiner eigenen Baumwolle sein.

Für diese neuen imperialen Praktiken, die darin bestehen, Staaten eher zu zerstören, als sie zu korrumpieren oder zu substituieren, habe ich den Begriff der Zonierung vorgeschlagen.

Was früher die Pseudo-Länder als Erzeugnisse des Imperialismus waren, willkürlich ausgeschnitten, aber mit dem Status von Ländern unter Vormundschaft des Mutterlandes, sind heute die infrastaatlichen Zonen in Afrika, im Nahen Osten und in bestimmten Regionen Asiens – in Wirklichkeit Raubbauzonen ohne Staatlichkeit. Zwar dürfte es von Zeit zu Zeit notwendig werden, in diesen Zonen militärisch zu intervenieren, allerdings ohne wirklich die Last der umfassenden Verwaltung eines Kolonialstaats übernehmen zu müssen noch die Verpflichtung, vor Ort eine ganze Clique lokaler Komplizen durch Korruption bei Laune zu halten, die sich die ihnen aufoktroyierten Ämter zunutze machen, um an dem Beutezug teilzunehmen.

Wir fassen zusammen: Erstens, die Struktur der heutigen Welt wird bestimmt durch den Triumph des globalisierten Kapitalismus. Zweitens, eine strategische Schwächung der Staaten, mehr noch, ihr durch den Kapitalismus angeregtes Siechtum, ist im Gang. Und drittens, die neuen imperialen Praktiken tolerieren und ermutigen sogar unter bestimmten Umständen die Zerstückelung, ja Vernichtung der Staaten.

Diese Hypothese lässt sich nicht einfach wegwischen, man frage sich beispielsweise, welche Interessen wirklich hinter dem Libyen-Feldzug gesteckt haben. Ein Staat wurde völlig zerstört und eine anarchistische Zone geschaffen, über die sich alle beschweren oder zumindest so tun als ob, dabei haben die Amerikaner nichts anderes im Irak und die Franzosen nichts anderes in Mali und in der Zentralafrikanischen Republik getan. Der Auftakt für diese Zonierungspraktiken scheint mir sogar bereits die völlige Zerstörung Jugoslawiens gewesen zu sein, für die kostspielige Interventionen des Westens vonnöten waren und bei der das Land in ein Dutzend Teile zerstückelt wurde, die fast alle schwerkrank und korrumpiert sind. In vielen Zonen war es gängige Praxis, den Staat zu zerstören und praktisch nichts außer brüchige Vereinbarungen zwischen Minderheiten, Religionen und bewaffneten Banden an seine Stelle zu setzen. Sunniten wurden durch Schiiten ersetzt, auch umgekehrt hat man es versucht – das sind alles nichtstaatliche Maßnahmen, wenn man den Staatsbegriff enger fasst. Das ist ganz offenkundig. Für die Bevölkerung hat das aber verheerende Auswirkungen, die es jetzt zu untersuchen gilt.

II

Auswirkungen für die Bevölkerung

Die erste Auswirkung all dessen, woran ich soeben erinnert habe, besteht in einer noch nie dagewesenen wachsenden Ungleichheit. Sogar die parlamentarische Rechte zeigt sich zuweilen darüber besorgt. Diese Ungleichheiten sind so ungeheuerlich, dass man bei der zunehmenden Schwächung der Staaten nicht mehr weiß, wie man die Kontrolle über deren Auswirkungen für das Leben der Bevölkerung behalten soll.

Dazu gibt es einige grundlegende Zahlen, die jeder kennen und parat haben sollte, Zahlen, die nichts anderes nahelegen als eine stringente, ausgefeilte Logik der Klassen, die die demokratische Norm, selbst die formalste, als dumm oder undurchführbar erscheinen lässt. Ist ein bestimmter Grad von Ungleichheit erreicht, wird es sinnlos, von Demokratie oder demokratischer Norm zu sprechen.

Hier die Zahlen zur Erinnerung:

1 % der Weltbevölkerung besitzt 46 % der verfügbaren Ressourcen. Eins versus sechsundvierzig, das ist fast die Hälfte.

10 % der Weltbevölkerung besitzen 86 % der verfügbaren Ressourcen.

50 % der Weltbevölkerung besitzen nichts.

Die objektive Darlegung dieses Sachverhalts ergibt also, dass wir weltweit eine Oligarchie haben, die etwa 10 % der Weltbevölkerung ausmacht. Diese Oligarchie verfügt, ich sage es noch einmal, über 86 % der Ressourcen. 10 % der Weltbevölkerung, das entspricht ungefähr dem Anteil des Adels in der Feudalgesellschaft. Das Verhältnis ist etwa dasselbe. Unsere heutige Welt rekonstruiert, restituiert oligarchische Verhältnisse, die sie vor langer Zeit gekannt und durchgemacht hat. Jetzt kehren sie in anderer Form und unter anderen Vorzeichen zurück.

Wir haben also einerseits eine Oligarchie von 10 %, andererseits eine Masse von Mittellosen, rund die Hälfte der Weltbevölkerung: die Masse der besitzlosen Weltbevölkerung, die in Afrika und Asien die erdrückende Mehrheit stellt. Zusammengenommen ergeben Oligarchie und mittellose Masse einen Anteil von etwa 60 %. Dann bleiben noch 40 %. Diese 40 % stellen die Mittelschicht dar. Diese Mittelschicht vereint mit Müh und Not 14 % der weltweiten Ressourcen auf sich.

Die Aufteilung, die sich daraus ergibt, ist ziemlich bezeichnend: Wir haben eine Masse von Mittellosen, die die Hälfte der Weltbevölkerung ausmacht; wir haben eine feudale Oligarchie, wenn ich sie aufgrund ihres Anteils so nennen kann, und wir haben die Mittelschicht, die Stütze der Demokratie, die sich mit ihrem Anteil von 40 % an der Weltbevölkerung 14 % der Ressourcen teilt.

Diese Mittelschicht konzentriert sich hauptsächlich in den sogenannten hochentwickelten Ländern. Sie ist also fast ausschließlich westlich. Sie bildet die breite Stütze der lokalen demokratischen Macht, des Parlamentarismus. Ich denke, dass diese Gruppe, ohne sie dabei verleumden zu wollen – schließlich gehören wir hier doch irgendwie alle dazu, nicht wahr? –, eben weil sie nur zu einem kleinen Teil der globalen Ressourcen Zugang hat, nämlich zu nur 14 %, auf keinen Fall der riesigen Masse der Mittellosen zugeordnet oder mit ihr gleichgesetzt werden will. Das ist nur allzu verständlich, aber auch der Grund, weshalb die Mittelschicht insgesamt durchlässig ist für Rassismus, Fremdenfeindlichkeit und die Verachtung der Mittellosen. Diese subjektive Selbstbestimmung der Masse der Mitte, die den Westen im weiteren Sinn beschreibt oder sogar dessen Selbstbild definiert, ist bedrohlich und nährt ein Gefühl der Überlegenheit. Die westliche Mittelschicht ist bekanntlich der Träger der Überzeugung, dass der Westen letzt-lich und unumstößlich die Heimat der Zivilisierten sei. Wer, wie in letzter Zeit häufig zu lesen ist, von einem Krieg redet, der gegen die Barbaren geführt werden müsse, spricht ganz klar im Namen der Zivilisierten, und zwar in Abgrenzung zu den Barbaren, die der riesigen Masse der Ausgeschlossenen entstammen und mit denen die Mittelschicht unter keinen Umständen gleichgesetzt werden will.

Das alles erhellt, warum die Mittelschicht, insbesondere die europäische, eine besondere Stellung einnimmt. Auf ihrem Leib schreibt sich – schließlich hängt das Damoklesschwert der kapitalistischen Realität über ihr – die Differenz zwischen ihr selbst und der riesigen Masse derer ein, die fast nichts oder gar nichts haben. Eine Masse, die zwar ziemlich weit weg, ziemlich fern ist, doch durchaus auch in unseren Ländern existiert. An diese Mittelschicht, die von Prekarität bedroht ist, richtet sich der Diskurs über die Verteidigung der Werte: »Wir müssen unsere Werte verteidigen!« Wobei dieses Verteidigen unserer Werte in Wirklichkeit nichts anderes bedeutet, als den westlichen Lebensstil der Mittelschicht zu verteidigen, sprich die Aufteilung von 14 % der den sogenannten Zivilisierten zugedachten Weltressourcen auf die 40 % der Mittelschicht. Ein Lebensstil, von dem der Romancier und Essayist Pascal Bruckner – in der Kriegsherrenmanier eines Präsident Hollande – sagt: »Der westliche Lebensstil ist nicht verhandelbar.« So lautet sein Diktum, und Bruckner wird mit Sicherheit nicht verhandeln. Mit niemandem. Seine Überzeugung steht fest, und er hat bereits seine Uniform übergestreift: Krieg! Krieg! Das ist sein Wunsch, sein Katechismus.

Das ist einer der Gründe, weshalb der Massenmord, über den wir hier sprechen, bedeutungsschwer und traumatisierend ist. Er trifft Europa in den weichen Bauch, also das, was es in mancher Hinsicht für den globalen Kapitalismus ist; er trifft die Mittelschicht ins Herz, ebenjene Mittelschicht, die sich selbst als Insel der Zivilisation im Zentrum der Welt begreift, umgeben, eingerahmt, bedrängt von der Oligarchie, die so klein ist, dass man sie kaum sehen kann, ebenso wie von der riesigen Masse der Mittellosen. Deswegen wird das schreckliche Ereignis als Zivilisationskrise empfunden, sprich als Anschlag auf eine Sache, die in ihrer historischen und natürlichen Existenz schon länger durch die Fortentwicklung des globalen Kapitalismus bedroht ist, an der man aber trotzdem krampfhaft festhält.

Das ist die erste Auswirkung der Struktur des globalisierten Kapitalismus auf die Bevölkerung. Aber es gibt noch etwas, das äußerst wichtig ist, um zu begreifen, was vor sich geht. In der Welt von heute gibt es etwas mehr als zwei Milliarden Menschen, von denen man sagen kann, dass sie nichts zählen. Diese Menschen gehören noch nicht einmal, was naheliegend wäre, zu der Masse der 50 % der Mittellosen. Doch es kommt noch schlimmer: *Sie zählen nichts für das Kapital.* Und das heißt vor dem Hintergrund der strukturellen Entwicklung der Welt nichts anderes als: Diese Menschen sind nichts und dürften strenggenommen nicht existieren. Es wäre besser, sie wären nicht da. Doch sie sind da.

Was bedeutet, dass sie nichts zählen? Sie zählen nichts, weil sie weder Konsumenten noch Erwerbstätige sind. Für das Kapital gibt es nämlich nur zwei Arten zu existieren, wenn man nicht zur Oligarchie gehört. Man muss erwerbstätig sein und auf diese Weise ein bisschen Geld verdienen, und dann muss man dieses Geld wieder ausgeben, indem man die Erzeugnisse ebendieses Kapitals konsumiert. Aus Sicht der die heutige Welt dominierenden Bewegung hat die eigene Identität, die vom Geld strukturiert wird, zwei Seiten: die eine ist die Identität als Erwerbstätiger und die andere die als Konsument.

Diese zwei Milliarden Erwachsenen finden partout keinen

Zugang, weder zum einen noch zum anderen. Sie haben keinen Zugang zur Arbeit, obwohl sie keine Schüler mehr sind und noch keine Rentner, und sie haben folglich auch keinen Zugang zum Markt. Nach der allgemeinen Logik der heutigen Welt, der gebieterischen, selbstzufriedenen kapitalistischen Globalisierung, sind diese Leute eigentlich inexistent. Im Übrigen wird inzwischen immer mehr Stimmung gemacht gegen die unheimliche Gefahr einer Invasion unseres guten alten zivilisierten Europa durch diese Leute, die inexistent sind oder nicht existieren dürften. Sämtlichen Fragen zum Thema Migrationsbewegungen, etwa die Geburtenrate in Afrika, liegt unmittelbar die angsterfüllte Frage zugrunde: »O mein Gott, werden diese Leute massenhaft zu uns kommen? Wird ihre Zahl noch weiter steigen, wo sie doch schon über zwei Milliarden sind?« Ausgehend von dem Standpunkt, dass diese Leute nicht existieren dürften, ist es nur noch ein kleiner Schritt bis zur Umsetzung von Maßnahmen, die ihre Nichtexistenz besiegeln.

Doch woher kommt diese Masse von Menschen, deren Leben in der heutigen Welt nichts zählt? Um diesen Punkt zu erhellen, muss man ein bisschen Marxist sein. Das Kapital und folglich auch die Besitzer des Kapitals bewerten die Arbeitskraft einzig danach – im Klartext: beschäftigen nur solche Arbeitskräfte in den von ihnen geleiteten Firmen –, ob sie einen Nutzen aus ihnen ziehen können. In seinem Jargon nannte Marx das die »Erzeugung und Aneignung von Mehrwert«. Es ist also nie sicher, ob das Kapital sämtliche verfügbaren Arbeitskräfte verwerten kann oder nicht. Massenarbeitslosigkeit hat es auch schon in früheren Zeiten gegeben, insbesondere nach der Weltwirtschaftskrise von 1929. Heute jedoch scheint die Sackgasse der Erwerbstätigkeit, und zwar unabhängig von der Krise, die 2008 eingesetzt hat, mehr struktureller Natur und obendrein irreversibel zu sein. Allem

Anschein nach verhindert die Globalisierung aus sich heraus, dass der Kapitalismus in seiner maximal erreichten Ausdehnung die vorhandene Arbcitskraft im Sinne des abzuschöpfenden Gewinns verwerten kann. Das wird sich vermutlich noch weiter verschärfen. Vielleicht stößt das System des Gewinns – die einzige Quelle für die Dynamik des Kapitals – an eine Grenze, die letztlich die Ausdehnung des Kapitals selbst geschaffen hat. Um die verfügbare Arbeitskraft vollständig zu verwerten, wäre es nämlich seine Aufgabe, die durchschnittliche Arbeitszeit drastisch zu verkürzen und die zwei Milliarden links Liegengelassenen zu beschäftigen.

Aber das kann das Kapital nicht. Und warum kann es das nicht? Weil es die Arbeitszeit nicht verkürzen kann. Und warum kann es die Arbeitszeit nicht verkürzen? Ganz einfach, weil die Mechanismen der Gewinnerzeugung das nicht gestatten: Bekanntlich ist ein Großteil der Arbeitsstunden für den Mehrwert bestimmt, unter einer bestimmten Grenze ist kein Gewinn mehr zu machen. Man muss heute davon ausgehen, dass die Arbeitszeit im globalen Maßstab weiterhin um die 40 Wochenstunden betragen muss, um eine vernünftige kapitalistische Verwertung der Arbeitskraft zu erzielen. Währenddessen haben zwei Milliarden Menschen, vermutlich sogar noch etwas mehr, keine Arbeit.

Man könnte diese Berechnung aber auch umgekehrt anstellen und sagen: Angesichts der Sachlage hält eine vernünftige, auf das Gemeinwohl bedachte Weltregierung die Entscheidung für dringend notwendig – Marx hatte sich vorgestellt, dass es so kommen würde –, die durchschnittliche Arbeitszeit im globalen Maßstab auf 20 Wochenstunden zu verkürzen. Vielleicht müssten es sogar weniger sein. Auf diese Weise könnte die riesige Masse der Menschen, der der Zugang zu Arbeit verwehrt bleibt, in kurzer Zeit in der Arbeitnehmerschaft aufgehen. Die Arbeitszeitverkürzung war ein zentraler

Punkt der reformrevolutionären Vorschläge, die Marx unterbreitete, denn er hatte erkannt, dass die Arbeitermassen, um die Arbeit aus der Herrschaft des Kapitals zu befreien, auf eine Verkürzung der Arbeitszeiten drängen mussten, bis das unterste Duldungsniveau des Kapitals erreicht wäre.

Doch im Augenblick hat das Kapital gesiegt. Und als Sieger lässt das Kapital die Verkürzung der Arbeitszeiten nicht zu, noch nicht einmal die läppische 35-Stunden-Woche in Frankreich. Mehr noch, diejenigen, die im bestehenden Gefüge keinen Platz finden, werden kurzerhand zu Nichtzählenden erklärt. Deshalb gibt es auf unserer Welt eine riesige Masse von Menschen, die nichts zählen. Diesen Punkt muss man unbedingt berücksichtigen, wenn man begreifen will, was heute vor sich geht.

Auffällig ist auch, dass die geographische Verteilung dieser verfügbaren, aber nichtzählenden Kräfte eindeutig mit der Zonierung in Zusammenhang steht. In jenen Zonen, wo anarchische Zustände herrschen, wo der Staat abwesend ist, wo bewaffnete Banden sich frei bewegen, findet man sich recht mühelos damit ab, dass die Menschen, die dort leben, ohne jeglichen institutionellen Schutz sind, ja, dass sie in »humanitären« Lagern vegetieren. Warum sollte man sich übermäßig um ihre Existenz sorgen, wo sie weder Konsumenten noch Erwerbstätige sind? Sie müssen schon selber zusehen, wie sie – hin- und hergetrieben zwischen den bewaffneten Banden und den kapitalistischen Räubern aller Schattierungen – überleben können.

Darum sind ganze Zonen fest im Griff eines politischen Gangstertums faschistischen Typs, was nicht der Fall wäre, nicht der Fall sein könnte, wenn nicht Milliarden von Menschen für nichtig erachtet würden. Diese Art Gangstertum und Menschenhandel würden verhindert, wenn alle Menschen in Figuren der Sozialität, einer gewöhnlichen, kollektiven Sozialität, eingebunden wären – zum Preis eines vernünftigen Arbeitszeitmaßes. Doch die Kombination aus Zonierung, sprich der Zerstörung der Staaten durch räuberische Akteure aus dem Westen, und dem Phänomen, dass Abermillionen oder sogar Milliarden von Menschen nichts zählen, führt dazu, dass in Gebieten beachtlichen Ausmaßes und sogar in großen Ländern wie in der Demokratischen Republik Kongo sich eine Herrschaftsform etabliert, die als Banditenherrschaft bezeichnet werden kann.

Wovon ist hier die Rede? Irgendwelche skrupellosen, bewaffneten kapitalistischen Firmen nehmen Gebiete in Besitz, aus denen der Staat verschwunden ist, lassen Menschen, die abgeschrieben wurden, für sich arbeiten, vor allem Kinder und Jugendliche, und betreiben so die Plünderung des Landes, abgestimmt auf den globalen Markt. Der IS etwa verkauft ganze Lkw-Konvois mit Rohöl an die Türkei. In diesem Zusammenhang tauchen auch die bewaffneten, religiös gefärbten faschistischen Banden auf.

»Ja, genau, die Religion! Der Islam! Es wurde Zeit, dass Sie darauf zu sprechen kommen!«, werden alle unsere großen islamfeindlichen Denker sagen. Ja, es ist so weit, aber ich sage Ihnen gleich, was ich denke: Religion hat schon immer als Vorwand und als rhetorischer Deckmantel gedient, leicht manipulierbar und manipuliert durch faschistische Banden. Auch die christliche Religion. Man denke nur an den spanischen Faschismus unter Franco, der auch noch lange nach dem Ende des Bürgerkriegs ein Faible für Massenexekutionen hatte: Dieser Faschismus klebte förmlich am Katholizismus. Francos bewaffnete Banden erhielten bischöflichen Segen; vom großen katholischen Spanien war die Rede, das anstelle des abscheulichen republikanischen Spanien treten würde. Dabei ging es den Faschisten in Wirklichkeit nur um die Staatsmacht und um einen Freibrief zur Plünderung des Staates. Von daher ist es nicht besonders seriös, dem Islam die Schuld zu geben. Das Wesen bewaffneter Banden besteht in erster Linie darin, verwüstete Gebiete kapitalistischen Typs zu besetzen und ein rentables Gangstertum aufzubauen; erst später schmücken sie sich, um rebellierenden jungen Menschen zu gefallen, bedarfsweise in den unterschiedlichsten religiösen Farben. Religionen wie auch andere Ideologien, einschließlich der revolutionären, ließen sich schon immer mit mafiösen Praktiken verbinden. Im Übrigen gibt sich die italienische Mafia, die der Paten, bis heute streng katholisch.

Das alles hat freilich, wie wir jetzt sehen werden, mit der subjektiven Seite unserer Situation zu tun.

III

Reaktive Subjektivitäten

Ich möchte nun über die Subjektivitätstypen sprechen, die in unserer Konstellation auftreten. Unter einem Subjektivitätstypus verstehe ich psychische Verfassungen, Überzeugungs- und Affektlagen, die die Welt, wie sie jetzt ist, hervorbringt. Damit sind nicht alle möglichen Arten von Subjektivität erfasst, sondern nur diejenigen, die meines Erachtens von der Struktur der heutigen Welt herbeigeführt werden.

Ich denke, es gibt drei Subjektivitätstypen: die westliche Subjektivität, die Subjektivität der Sehnsucht nach dem Westen, was nicht dasselbe ist, und das, was ich die nihilistische Subjektivität nennen möchte. Diese drei Subjektivitätstypen sind Schöpfungen des heutigen Zustands der Welt.

Die westliche Subjektivität ist die Subjektivität derer, die sich die 14 % der Ressourcen teilen, die ihnen die herrschende Oligarchie übrig gelassen hat. Es ist die Subjektivität der Mittelschicht, die, wie schon gesagt, fast ausschließlich in den am höchsten entwickelten Ländern vorkommt. Hier können die Krümel des Kuchens verteilt werden. Diese westliche Subjektivität wird meines Erachtens, angesichts dessen, wie sie funktioniert, durch einen Widerspruch belastet. Zum einen ist da eine große Selbstzufriedenheit. Die Westeuropäer sind äußerst selbstzufrieden und halten große Stücke auf sich selbst. Dahinter verbirgt sich zweifellos eine historisch verwurzelte Hybris: Es ist noch gar nicht so lange her, dass die Westeuropäer die Herren der Welt waren. Wenn man allein die Besitzungen der Franzosen und Briten zusammenrechnet, die seinerzeit mit roher Gewalt erobert wurden, kann man fast die gesamte außereuropäische Weltkarte zeichnen. Von dieser direkten, gigantischen imperialen Macht übrig geblieben ist ein Selbstbild, das sich als repräsentativ für die moderne Welt und den modernen Lebensstil begreift, der im Westen erfunden wurde und den es zu verteidigen gilt.

Das ist aber nur die eine Seite. Die Kehrseite davon ist die ständige Angst. Doch die ständige Angst wovor? Streng materialistisch argumentiert, würde ich sagen, es ist die Angst davor, aus der Gruppe der 14 % herauszufallen und sich bei den 50 % Mittellosen wiederzufinden. In der Welt, wie sie sich heute darstellt, sind die Angehörigen der Mittelschicht das, was man Kleinprivilegierte nennen kann. Und diese Kleinprivilegierten leben in der ständigen Angst, ihre Privilegien zu verlieren.

Denkbar ist schon, dass bei den heutigen Spannungen des Kapitalismus die Mittelschicht nicht mehr wie bisher versorgt werden kann. Unmöglich ist das nicht. Es kann durchaus sein, dass der Mittelklasse angesichts der wachsenden Raubgier der Oligarchie und der kostspieligen kriegerischen Einsätze zur Verteidigung ihrer Profit-Zonen statt der heutigen 14 % der verfügbaren Ressourcen nur noch, sagen wir, 12 % zugeteilt werden können. Dann geht das »Gespenst des Pauperismus« wieder um, die drohende Verarmung der Mittelschicht.

Darum haben wir die typisch westliche, dialektische Beziehung zwischen arroganter Selbstgefälligkeit und ständiger Angst. Daraus resultiert die heutige Definition der Kunst des demokratischen Regierens. Deren Aufgabe besteht im Lenken der Angst, die ihre ideologische Basis und Wählerschaft – die Mittelschicht – umtreibt, wobei diese Angst nicht gegen sie, die Regierungen, sondern gegen einzelne Vertreter der Masse der Mittellosen gerichtet ist. Es ist eine schwierige Aufgabe, der Mittelschicht zu vermitteln, dass es Gefahren gibt und ihre Angst berechtigt ist, aber dass weder die Maßnahmen der Regierung noch das demokratische System der Grund dafür sind.

Der alleinige Grund für diese Angst ist der permanente, unerträgliche Druck, dem die Mittelschicht durch die riesige Masse der Mittellosen ausgesetzt ist, insbesondere durch deren Vertreter innerhalb unserer Gesellschaften: die Arbeitnehmer ausländischer Herkunft, ihre Kinder, die Flüchtlinge, die Bewohner der finsteren Sozialsiedlungen, die fanatischen Muslime. Das sind die Sündenböcke, die unsere heutigen Herren und ihre Federhelden der verängstigten Mittelschicht zum Fraß vorwerfen. Es ist eine Art schleichender Bürgerkrieg im Gange, dessen unheimliche Auswirkungen wir immer häufiger beobachten können. So sieht die subjektive Unsicherheit derer aus, die gewissermaßen den Korpus des Abendlandes darstellen.

Schauen wir uns jetzt diejenigen an, die weder der Oligarchie noch der Mittelschicht angehören. Das sind diejenigen, die weder Konsumenten noch Erwerbstätige sind und die sich deswegen außerhalb des Weltmarktes befinden. Man muss begreifen, dass sie unablässig dem Spektakel des Wohlstands und der Arroganz der beiden ersten Gruppen ausgesetzt sind. Dafür sorgen die sozialen Massenmedien. Sie begleiten allerorten die globale Ausdehnung des Kapitalismus und organisieren das Spektakel dieser Ausdehnung. Diese zwei Phänomene sind unmittelbar miteinander verknüpft. Im Übrigen konzentrieren sich die global agierenden sozialen Massenmedien innerhalb einiger weniger gigantischer multinationaler Firmen wie Apple oder Google.

Der Effekt der spektakulären Medienbegleitung ist nicht nur, dass der westliche, dominierende Lebensstil »nicht verhandelbar« ist, wie der tapfere Bruckner es ausdrückt, sondern auch, dass er sich als solcher der ganzen Welt darbietet. So nehmen, egal wo sie sind, die Mittellosen am permanenten Spektakel des Wohlstands und der Arroganz der anderen teil. Gleichzeitig fehlt – ich hoffe, nur vorübergehend – ein ideologischer und politischer Ausweg, dessen Ziel es wäre, die Hegemonie des Kapitalismus zu stören und schließlich zu beseitigen. Diese Mittellosen sehen, dass irgendwo eine Insel des Wohlstands, der Arroganz, des Anspruchs auf Zivilisiertheit und Modernität existiert, haben aber keine Möglichkeit, sich diesem Umstand gedanklich oder mit Taten wirklich zu widersetzen, geschweige denn, an dieser Realität teilzuhaben. Daraus resultiert bittere Frustration, eine klassische Mischung aus Neid und Aufbegehren.

Hieraus ergeben sich zwei weitere Subjektivitätstypen. Den ersten möchte ich mit Sehnsucht nach dem Westen beschreiben: der Wunsch nach Besitz und Teilhabe an allem, was als westlicher Wohlstand dargestellt und überall angepriesen wird. Es geht also um den Versuch, sich das Verhalten und den Konsum der Mittelschicht zu eigen zu machen, ohne die Mittel dazu zu haben. Das führt zwangsläufig zu Phänomenen wie Migrationsströmen. Die einfache Form der Sehnsucht nach dem Westen ist nämlich der schlichte Wunsch, die verwüsteten Zonen für ein Leben in der vielbeschworenen westlichen Welt zu verlassen, da dort alles so toll ist, alle zufrieden sind und im modernen, wunderbaren Wohlstand baden. Wer nicht wegkommt, kann sich vor Ort Ersatzhandlungen hingeben, sprich, Trends anschließen, die westliche Konfigurationen und Lebensstile mit ärmlichsten Mitteln nachahmen, wie jene afrikanischen Frauen, die verzweifelt versuchen, ihre Haut aufzuhellen oder die Haare zu glätten. Es gäbe noch viel zum Thema Sehnsucht nach dem Westen zu sagen, denn in der heutigen Welt hat es eine enorme Bedeutung und zeitigt weitreichende Folgen, die allesamt verheerend sind.

Der dritte und letzte Subjektivitätstypus, der nihilistische, ist die Sehnsucht nach Rache und Zerstörung, die mit der unerfüllten Sehnsucht nach Weggang und Nachahmung einhergeht. Dieser heftige Wunsch nach Rache und Zerstörung wird, was ganz normal ist, häufig mit reaktiven Mythen zum formalisierten Ausdruck gebracht, mit einem Traditionalismus, der verherrlicht und wenn nötig bewaffnet verteidigt wird gegen die westliche Lebensform, gegen die Sehnsucht nach dem Westen.

Es ist der Nihilismus derjenigen, deren Leben nichts zählt. Dieser Nihilismus bildet sich scheinbar gegen die Sehnsucht nach dem Westen heraus, doch in Wirklichkeit ist diese Sehnsucht nach dem Westen implizit sein verstecktes Phantom. Der Nihilist weiß sehr wohl: Wenn er seinen Todestrieb nicht aktiviert, wenn er seiner gegebenenfalls auch mörderischen Aggression nicht freien Lauf lässt, wird auch er der Sehnsucht nach dem Westen, die er bereits in sich hat, erliegen.

Wir müssen uns darüber im Klaren sein, dass diese zwei Subjektivitätstypen – Subjektivität der Sehnsucht nach dem Westen und nihilistische Subjektivität der Rache und Zerstörung – ein Paar mit einem positiven und einem negativen Pol bilden, das um die Faszination westlicher Übermacht kreist.

Dies alles geschieht in einem Kontext, in dem sich kein Gegenvorschlag als Initialzündung für ein kollektives Sicherheben abzeichnet, ein Gegenvorschlag, der die Möglichkeit einer anderen Gesamtstruktur der Welt bekräftigt und gestaltet. Insofern sind alle drei Subjektivitätstypen der von mir beschriebenen Struktur der Welt inhärent. Ausgehend von dieser Inhärenz werde ich nun die Merkmale des heutigen Faschismus darlegen.

IV

Der heutige Faschismus

Ich denke, man kann, allgemein gesprochen, die populäre Subjektivität, die der Kapitalismus hervorbringt und entfacht, Faschismus nennen. Sie erscheint, wenn etwa das System in eine schwere Krise gerät – wie in den dreißiger Jahren – oder aber, was vielleicht gravierender ist, unter der Wirkung der strukturellen Grenzen des Kapitalismus, die seine Globalisierung sichtbar macht. Eine Globalisierung, die, daran möchte ich erinnern, Expansion und zugleich Offenbarung der Unfähigkeit ist, die gesamte verfügbare Arbeitskraft zu verwerten.

Faschismus ist eine reaktive Subjektivität. Diese Subjektivität ist intra-kapitalistisch, weil sie keine andere Gesamtstruktur der Welt anbietet. De facto richtet sie sich im Weltmarkt ein, und zwar in dem Maß, wie sie dem Kapitalismus vorwirft, nicht in der Lage zu sein, seine Versprechen zu halten. Der in seiner Sehnsucht nach dem Westen Enttäuschte wird, indem er sich faschisiert, zum Feind des Westens, weil sich seine Sehnsucht nach dem Westen nicht erfüllt hat. Dieser Faschismus entwickelt sich ausgehend von einer innerlichen, negativen Unterdrückung der Sehnsucht nach dem Westen und setzt mithin einen aggressiven, nihilistischen und zerstörerischen Impuls ins Werk. Er ist im Wesentlichen die verdrängte Sehnsucht nach dem Westen, an deren Stelle nun eine nihilistische, mörderische Reaktion tritt, die nichts anderes als das Objekt der Sehnsucht zur Zielscheibe hat. Das ist ein gängiges psychologisches Muster.

Dieser moderne Faschismus kann, was seine Form anbelangt, definiert werden als Todestrieb, der sich in einer Sprache des Identitären äußert. Ein möglicher Zungenschlag ist

47

dabei die Religion. Für den spanischen Faschismus im Bürgerkrieg war es, wie erwähnt, der Katholizismus, der Islam ist es heute im Nahen Osten, besonders dort, wo die imperiale Zonierung die Staaten zerstört hat. Doch die Religion ist lediglich ein Mantel, sie ist in keinerlei Hinsicht der Kern, nicht der eigentliche Inhalt der Sache, sondern bloß eine Form der Subjektivierung. Der eigentliche Inhalt, dem Relikte religiöser Fabeln seine Form geben, speist sich aus der allgegenwärtigen Sehnsucht nach dem Westen, entweder in ihrer affirmativen, expliziten Form oder in ihrer verdrängten, mörderischen Form.

In der Praxis folgen diese Faschismen der immer gleichen Logik der Bande, dem kriminellen Gangstertum, verbunden mit der Eroberung und Verteidigung von Gebieten, in denen ein Geschäftsmonopol errichtet wird, gleich einem Drogendealer in seinem Viertel. Um sich zu behaupten, gehören Grausamkeiten um des Aufsehens willen, Plünderungen und wie bei Mafiabanden das permanente Recycling von Waren im Weltmarkt dazu. So, wie die nihilistische Sehnsucht nur die Kehrseite der Sehnsucht nach dem Westen ist, so sind auch die entstaatlichten Zonen, in denen die nihilistische Subjektivität gedeiht, an den Weltmarkt und mithin an die westliche Realität gebunden. Der IS ist, wie gesagt, ein Wirtschaftsunternehmen, das mit Öl, Kunstwerken, Baumwolle, Waffen, also mit einer Vielzahl von Dingen handelt. Und die Söldner des IS sind de facto Lohnempfänger mit einigen zusätzlichen Privilegien, die sich aus den Plünderungen und der Versklavung gefangener Männer und Frauen ergeben.

Diese Form der Faschisierung ist also in Wirklichkeit ein inhärenter Bestandteil der Struktur des globalisierten Kapitalismus und stellt in gewisser Weise ihre subjektive Pervertierung dar. Alle Welt weiß übrigens, dass Unternehmen, nachweislich auch westliche Kunden wie die saudische Regierung, dauernd mit den faschistischen Banden verhandeln, die sich in der Nahost-Zonierung festgesetzt haben. Und sie handeln ihre Interessen bestmöglich aus.

Dieser Faschismus ist mehr oder weniger militärisch organisiert, arbeitet flexibel nach dem Muster einer Mafiabande und weist wechselnde ideologische Färbungen auf, wobei die Religion, ich sage es noch einmal, eine rein formale Bedeutung hat.

Mich interessiert an dieser Stelle, was die faschisierende Subjektivität jungen Leuten zu bieten hat. Schließlich waren die Mörder im Januar wie im November junge Leute, junge Leute von hier. Es sind junge Männer im Alter zwischen zwanzig und dreißig Jahren und fast alle Söhne oder Enkel von Arbeitsmigranten. Sie sehen weder eine Perspektive noch einen Platz für sich. Selbst diejenigen mit etwas besserer Bildung, die das Abitur geschafft haben, teilen diese Sicht der Dinge: Da ist kein Platz für sie, jedenfalls kein Platz, der ihrem Wunsch entspricht. Aus ihrer Sicht stehen diese jungen Leute am Rand und haben weder am Erwerbsleben noch am Konsum, noch an der Zukunft teil. An diesem Punkt bietet ihnen die Faschisierung – im propagandistischen Diskurs aus Dummheit »Radikalisierung« genannt, obwohl sie nichts anderes ist als eine Regression – eine Mischung aus opferbereitem, kriminellem Heroismus und »westlicher« Wunschbefriedigung. Auf der einen Seite wird der junge Mensch zu einem Mafioso, der stolz darauf ist, einer zu sein, und der sich einem kriminellen Heroismus opfert: Leute aus dem Westen töten, die Mörder anderer Banden besiegen, Grausamkeiten zur Schau stellen, Territorien erobern und so weiter. Auf der anderen Seite gibt es Momente »schönen Lebens« und die Befriedigung diverser Wünsche. Der IS bezahlt seine Handlanger recht gut, sie bekommen weit mehr als das, was sie bei einer »normalen« Arbeit in ihrer Heimat verdienen würden. Und außer Geld gibt es noch

Frauen, Autos und so weiter. Es ist also eine Mischung aus tödlichen heroischen Angeboten und westlicher Verführung durch Waren. Diese Mischung ist erprobt und letztlich seit jeher ein Merkmal faschistischer Banden.

Bei diesem Cocktail kann Religion durchaus eine identitätsstiftende Beigabe sein, gerade weil sie eine vorzeigbare antiwestliche Referenz ist. Doch letztlich spielt, wie man sieht, die Herkunft dieser jungen Leute, also was man ihre geistige oder religiöse Herkunft nennt, kaum eine Rolle. Was zählt, ist die Wahl, die sie vor dem Hintergrund ihrer Frustration getroffen haben. Dass sie sich von der Mischung aus Korruption und opferbereitem, kriminellem Heroismus angezogen fühlen, hat mit der ihnen eigenen Subjektivität zu tun, nicht mit ihrem islamischen Glauben. Im Übrigen konnte man feststellen, dass es in den meisten Fällen nicht anfänglich zu einer Islamisierung kommt, sondern erst später. Anders gesagt, die Faschisierung islamisiert, nicht der Islam faschisiert.

V

Wer sind die Mörder?

Wer waren unter den gegebenen Umständen die Mörder im November, und was ist über ihre Taten zu sagen? Nun, die Mörder sind junge Faschisten im oben beschriebenen Sinn. Ich möchte sie hier mit den faschisierenden Milizionären in Frankreich während des Zweiten Weltkriegs vergleichen. In diesen Banden junger Milizionäre, die mit den Deutschen kollaborierten, gab es ebenfalls den Aspekt »Viva la muerte!«, »Es lebe der Tod!«: Alles ist erlaubt, wir haben Waffen, wir können Leute foltern und töten. Die zur Schau gestellte Grausamkeit gab es ebenfalls. Und eine Menge kleiner Extras vom Typ »schönes Leben«, wie Kneipentouren, tolle Autos, Geld, Mädchen und so weiter. Die Zutaten der probaten Mischung waren also die gleichen, und sie lässt sich im gewissen Sinn auch vergleichbar begründen. Wer waren diese Milizionäre? Sie waren Franzosen, aber Bürgerkriegsfranzosen, die entgegen der grundlegendsten nationalen Interessen mit den Nazi-Besatzern kollaborierten. Es hatte schon etwas Schizophrenes: Gleich ihrem Imam Pétain beriefen sie sich unentwegt auf Frankreich und auf die französische Fahne – »La France! La France!« – und arbeiteten gleichzeitig, teilweise unter erbärmlichsten Bedingungen, gegen die elementaren nationalen Interessen, die stets darin bestehen, dass ein Land nicht unter ausländische Besatzung fällt. Das ist die innere Spaltung der faschistischen Subjektivität. In gewissem Sinn sind die Mörder von heute das Produkt der enttäuschten Sehnsucht nach dem Westen, frustrierte Leute, die unter einer unterdrückten Sehnsucht leiden und von ihr gesteuert werden. Sie stellen sich vor, von einer antiwestlichen Leidenschaft ergriffen zu sein, sind aber lediglich ein nihilistisches Symptom der unfassbaren Leere des globalisierten Kapitalismus und seines Unvermögens, in der von ihm gestalteten Welt alle Menschen zu berücksichtigen.

Ihre Tat – ein unfassbarer Massenmord – ist kein Attentat, kein Anschlag. Das, was von den französischen Widerstandskämpfern gegen die Nazi-Besatzer und ihre Komplizen, die Pétainisten, organisiert wurde oder, noch besser, was die russischen Volkssozialisten an Mordplänen gegen den Zar geschmiedet haben, ja das waren Anschläge. Schaut man sich aber an, wie das Massaker vom 13. November abgelaufen ist, dann war das keine generalstabsmäßig geplante, militärisch durchdachte Sache, sondern nichts als eine blutige und doch zwecklose Angelegenheit. Dazu wurde sie, weil die jungen Faschisten beschlossen hatten, dass ihr Leben nichts zählt. Das ist die absolute Triebfeder in Angelegenheiten dieser Art. Ihr Leben zählt nichts. Und da ihr eigenes Leben nichts zählt, ist das Leben der anderen ebenfalls nichtig. Der Grund für das Gemetzel ist also reiner Nihilismus. Am Ende verheizt man sein eigenes Leben für einen ebenso jämmerlichen und künstlichen wie kriminellen Heroismus. Ich denke, man muss das einen schrecklichen Massenmord nennen, bei dem der Mörder sich selbst mit einschließt, was ebenso schrecklich ist. Wir haben es da mit einer selbstmörderischen kriminellen Komponente zu tun, die den Todestrieb auf die Spitze treibt: Am Ende bleibt nichts mehr übrig, weder Opfer noch Mörder.

Das ist schlichtweg eine grauenvolle und kriminelle faschistische Tat. Die Frage ist allerdings, ob es angemessen ist, von »Barbaren« zu sprechen, wie das im offiziellen Sprachgebrauch geschieht. Das Wort »barbarisch« ist seit jeher das Gegenteil von »zivilisiert«. Der »Krieg gegen die Barbaren« ist der Krieg der Zivilisierten gegen die Barbaren. Aber gibt es einen Grund, der westlichen Arroganz zu gestatten, im Hinblick auf eine grauenvolle und kriminelle Tat die Zivilisation zu repräsentieren? Das ist der Moment, um über die heutigen Massaker des Westens zu sprechen, die ständig begangen werden und extrem blutig sind.

Ich beschränke mich auf drei Beispiele.

Der Westen ist heute in der Lage, mit Hilfe von Drohnen, aber auch von Spezialeinheiten, genauer: Mordkommandos, auf den geheimen Befehl eines Staatsoberhauptes hin Menschen zu ermorden. Eine Ermordung mit einer Drohne ist viel bequemer, denn dafür muss man noch nicht einmal von seinem Schreibtisch aufstehen. Weder Obama noch Hollande verzichten auf den Einsatz dieser mehr oder weniger bequemen Tötungsmethoden. Statistiken, die speziell im Zusammenhang mit den Drohnen erstellt wurden, besagen, dass eine tote Zielperson (sagen wir ein Bandenchef) im Schnitt neun Kollateralopfer fordert – das kann jeden treffen, auch die Kinder von nebenan. Um zehn Feinde zu liquidieren, müssen neunzig Menschen getötet werden, die nichts damit zu tun haben. So sind sie, die Drohnen. Multipliziert man die von Drohnen beseitigten Zielpersonen – Liquidierungen, die der ruhige und entschlossene Obama im Lauf seiner Regierungszeit veranlasst hat – mal neun, dann kommt man sehr schnell auf Hunderte und Aberhunderte Menschen, die für nichts und wieder nichts gestorben sind. Wenn man also das Töten von Menschen für nichts und wieder nichts als barbarischen Akt bezeichnet, dann sind die Westler jeden Tag Barbaren, das muss einem klar sein. Es ist einfach: Im ersten Fall der Barbarei, dem barbarischen Akt der Barbaren, haben wir es mit einem vollendeten, selbstmörderischen Massenmord zu tun, im zweiten Fall, dem barbarischen Akt der Zivilisierten, mit einem verdeckten, selbstgefälligen technischen Massenmord.

Zweites Beispiel: In offenen Konflikten wie im Irak oder in Palästina ist das Verhältnis der westlichen Todesopfer zu den anderen 1:20. Am besten wäre es, so das erklärte Ziel, auf westlicher Seite null Tote und auf der anderen Seite alle Toten zu haben – das ist eine überaus seltsame Art der Kriegsführung. Dieses Ziel wurde knapp verfehlt. Wenn man nämlich die Toten der Kriege im Irak, in Afghanistan, in Palästina und so weiter zählt, dann hat man, ich wiederhole es, im Schnitt einen Toten auf der einen Seite und zwanzig Tote auf der anderen. Dieses eklatante Missverhältnis wird von den Menschen vor Ort registriert; diejenigen, die es miterleben, sehen sehr genau, wie die Dinge ablaufen, deshalb ist der Westler für sie der viel größere Barbar.

Drittes Beispiel: Nehmen wir den Fall Gaza und lassen dabei die Politik außen vor: 2000 Tote auf palästinensischer Seite, darunter etwa 450 Kinder. Ist das etwa zivilisiert? Nur weil es Flugzeuge sind, die Menschen töten, zerfetzen, zermalmen, verbrennen – und nicht irgendwelche jugendlichen Dumpfbacken, die in die Menge schießen, bevor sie Selbstmord verüben?

Die Mörder sind junge Faschisten, ähnlich wie die Milizionäre von Pétain, und ihre Motive sind schmutzig, mörderisch und obendrein ziemlich inhaltsleer. Doch es gibt keinen besonderen Grund, so zu tun, als würden die westlichen Armeen aus Sicht dieser Menschen die Zivilisation repräsentieren. Das ist völlig unannehmbar. Krieg ist Krieg, Gemetzel sind immer eine mehr oder weniger schmutzige Angelegenheit. Wir selbst haben in den Kolonialkriegen und danach zur Genüge gefoltert, getötet, deportiert. Und wir werden damit weitermachen, im großen Stil, wenn – wie unsere Regierungen verkünden – die Zeit für den finalen Krieg gegen den »Terrorismus« gekommen ist.

VI

Die Reaktion des Staates: »Frankreich« und »Krieg«

Die wichtigste Aufgabe eines Staates, etwa des Staates in Frankreich, scheint mir darin zu bestehen, die Mittelschicht auf Linie zu bringen. Das ist von jeher und mit viel Aufsehens die Aufgabe der Linken. Sie ist richtig gut, wenn es darum geht, die Mittelschicht auf Linie zu bringen. In meiner Jugend, während des Algerienkriegs, erhielt die Linke mit Guy Mollet an der Spitze der Regierung »Sondervollmachten«, um einen totalen Krieg zu führen. Es sieht ganz danach aus, als bedürfe es der Kinnhaken eines strammen Sozialisten, um die Mittelschicht auf Linie zu bringen, wenn man ihnen »Krieg! Krieg!« einflüstert, eine Sache, die so gar nicht mehr zu ihren Gewohnheiten zählt. Insofern ist dieses Auf-Kriegslinie-Bringen der Mittelschicht auch eine Fiktion, eine Täuschung. Niemand hierzulande ist bereit, in den Krieg zu ziehen. Das Wort »Krieg« ist fehl am Platz. Nach »Charlie Hebdo« hat der Staat den republikanischen Wert des Laizismus bemüht, jetzt versucht er es mit dem alten Nationalismus: *La France!*, die Trikolore, verbunden mit der alten Parole »C'est la guerre« – »Es ist Krieg!« als ihre immerwährende Triebfeder. Dabei ist diese Paarung »Trikolore + Krieg« heute vollkommen absurd und dürfte, so meine Einschätzung, auch nicht lange ziehen.

Einige Bemerkungen zu den Begriffen »Frankreich« und »Krieg«.

Beginnen wir mit »Frankreich«. Mit diesem Wort verbindet sich heute keine bestimmte affirmative Bedeutung. Was ist dieses Frankreich heute? Ein Akteur der zweiten Zone der oben beschriebenen Struktur der Welt. Ständig ist von »unseren Werten« die Rede, doch was genau sind diese französischen Werte? Mein Standpunkt dazu ist folgender: Was Frankreich auszeichnete – wenn es nämlich französische Werte gibt, muss man wissen, wodurch sie sich auszeichnen –, war die revolutionäre Tradition. Frankreich war nach der Revolution erst republikanisch, danach sozialistisch, anarcho-sozialistisch, kommunistisch und schließlich gauchistisch – all das von 1789 bis, sagen wir, 1976.

Das ist aber vorbei. Aus und vorbei. Frankreich als privilegierten Hort der revolutionären Tradition hinzustellen ist anmaßend. Kennzeichnend für dieses Land ist vielmehr eine einzigartige Schar Intellektueller, die sich dem Identitären verschrieben haben. Außerdem hat Frankreich sich mit etwas hervorgetan, das nirgendwo sonst existiert: offen diskriminierende Gesetze, von denen ein Teil der Armen, die Frankreich selbst hervorgebracht hat, betroffen ist. Diese Gesetze zum muslimischen Kopftuch sind – es tut mir leid, das sagen zu müssen – stigmatisierende Apartheid-Gesetze. Gegen wen sind sie gerichtet? Gegen Arme, gegen arme Bevölkerungsteile, die ihre Religion haben, so wie die Bretonen einmal katholisch waren. Diese Leute werden verteufelt, dabei hat der französische Kapitalismus ihre Armut zu verantworten. Warum? Weil er den französischen Industriesektor zerstört hat. Warum leben so viele Leute aus der Dritten Welt in unserem Land? Weil wir sie hergeholt haben! Man erinnere sich an die Zeiten, das war in den Fünfzigern bis in die Achtziger hinein, als Arbeiter aus Marokko für unsere Fließbänder eingeflogen wurden. Dann haben diese Männer ihre Familien nachgeholt, die zweite Generation wuchs auf, junge Leute, deren Bestimmung es normalerweise gewesen wäre, Arbeiter zu sein, Facharbeiter oder Ingenieur. Doch der Produktionsapparat wurde zerstört, Fabriken gibt es so gut wie keine mehr, alles wurde sukzessive ausgelagert. Deshalb haben diese jungen Leute keine Zukunft. Allerdings beruht das Ganze auf einem Betrug, einem hässlichen Schwindel: Nachdem man sie ohne Garantien importiert hat, will man sie jetzt exportieren … Aber so einfach ist das nicht. So geht man doch nicht mit »Humankapital« um. Von daher denke ich, dass »Frankreich« heute ein bisschen von allem ist und insgesamt kein signifikantes, sichtbares und interessantes Sinnbild ergibt. Es ist ziemlich klar, was diejenigen wollen, die sich hinsichtlich Frankreichs identitär verkrampfen: Letztlich wollen sie, so ist das beim Identitätskrampf immer, dass man die anderen verfolgt. Genau das betreibt Identität im Endeffekt, wenn sie keine universelle Bedeutung hat wie in der revolutionären Tradition. Eine Identität ohne universelle Bedeutung definiert sich ausschließlich über die Verfolgung derer, die dieser Identität nicht entsprechen. Das ist das einzige Mittel, um ihr einen Hauch von Leben einzugeben. Und was machen die Leute, die »La France! La France!« rufen, ihrerseits für Frankreich? Sie schimpfen auf die Araber, weiter nichts. Ob sie Frankreich damit einen guten Dienst erweisen, wage ich zu bezweifeln. Das ehrt die Franzosen nicht gerade. Dabei sind nicht einmal 3 % dieser tapferen »Franzosen« bereit, für ihr Land zu sterben.

Nun zum »Krieg«. Eine Sache ist klar: Nicht die »Barbaren« haben einen Krieg erklärt, sondern der französische Staat hat sich im Schlepptau von Firmen und manchmal auch der Amerikaner in schmutzige imperiale Angelegenheiten eingemischt, an Zonierungen beteiligt, an der Zerstörung von Staaten mitgewirkt und auf diese Weise zu der Gesamtsituation beigetragen, von der ich einen umfassenden Überblick zu geben versucht habe. Zu dieser Gesamtsituation gehört auch der subjektive Werdegang junger Faschisten in den verwüsteten Zonen des sozialen Lebens in Verbindung mit der Tatsache, dass ein Teil der Menschheit nichts zählt.

VII

Wie wir zu einer vom Schema der heutigen Welt abgekoppelten, emanzipatorischen Politik zurückkehren können

Nun komme ich auf die Prämissen für meine Schlussfolgerung zu sprechen. Wie sieht unter den gegebenen Bedingungen der Versuch aus, ein anderes Denken zu konstruieren? Wie können wir uns dem Ganzen verweigern? Damit meine ich, uns der Propaganda entziehen, die immer mit einer Kriegserklärung verbunden ist, selbst wenn dieser »Krieg« fiktiv oder verfälscht ist. Es gibt eine lange Tradition der Kriegserklärungen, der nationalistischen Großtuerei, der ganz und gar fiktiven Propaganda. Sehen Sie sich nur an, was 1914 über die »Boches« geschrieben wurde. Alles Ungeheuer! Alles Mörder! In Wirklichkeit unterschieden sich die Deutschen im Jahr 1914 kaum von den Franzosen.

Aber wie sollen wir vorgehen? Ich denke, dass der Raum, der sich als »Frankreich« und die gespenstischen Franzosen definiert, gedanklich und praktisch ersetzt werden muss durch einen internationalen Raum. Durch eine internationale, ja sogar transnationale Denkweise, die der kapitalistischen Globalisierung gewachsen ist. Denn die Kapitalisten haben schon lange aufgehört, Franzosen zu sein. Sie sind uns einen Schritt voraus. Sie sind in Shanghai zu Hause, in San Francisco, in Marokko, im Kongo, in São Paulo. Während wir, die kleinen Franzosen der Mittelschicht, uns gemütlich in ihrem Frankreich verkriechen. Da sind wir weit ins Hintertreffen geraten. Ja, wir verschlimmern diesen Rückstand noch dadurch, dass wir nicht einmal fähig sind, anzuerkennen, dass die anderen, die da sind, unter uns, mit uns und bei uns leben. Unter dem lächerlichen Vorwand, sie seien Muslime oder kämen aus dem tiefsten afrikanischen Busch oder, noch schlimmer, sie würden sich so und so kleiden und frisieren und nicht anders und zudem seltsam geschlachtetes Fleisch essen! Das läuft darauf hinaus, dass auch wir – genau so, wie das Kapital es tut – die anderen, die hier leben, zu Nichtzählenden erklären, ja als Feinde betrachten! Dass wir unfähig sind, mit diesen anderen zu sprechen und zu handeln, wo wir doch gerade in dieser Situation mit ihnen zusammen eine Öffnung herbeiführen, einen neuen politischen Weg einschlagen, einen bejahenden, kreativen Ausweg aus dem verdüsterten Westen finden müssten ...

Man muss leider feststellen, dass die Zerschlagung des Erbes der Revolution schon so weit gediehen ist, dass wir nicht einmal mehr gedanklich in der Lage sind, uns ein globalisiertes Bild der Probleme zu machen. Dieses haben unsere unmittelbaren Gegner schon längst besetzt, und zwar zu Lasten der Schutzmaßnahmen des Staates. Deshalb müssen auch wir die Kraft haben, unser Interesse am Staat, jedenfalls am Staat, so wie er ist, zu reduzieren. Wir sollten nicht mehr wählen gehen! Wir sollten den verlogenen, leeren Erklärungen der Regierenden keine Beachtung schenken! Wir sollten uns an die Orte zurückziehen, wo der Volkswille zu Hause ist, oft versteckt zwar, aber wirklich da. Denn der Staat rückt nach, wo »Frankreich« nicht mehr viel bedeutet. Und dann bestellt er uns ein, so wie jetzt. Wir aber wissen, im Zeitalter der Globalisierung ist der Staat alles in allem nur ein Agent des Kapitals.

Zwar existiert ein Widerspruch zwischen der faschistischen und kriminellen Bestimmung der Frustration einerseits und der globalen Entwicklung des Kapitalismus mit der Mittelschicht als dessen massive Stütze andererseits – ein mörderischer Widerspruch, wie sich gezeigt hat. Dieser Widerspruch ist jedoch ein subjektiver, dem Kapitalismus inhärenter Widerspruch. Kein Widerspruch zwischen Gut und Böse. Kein Widerspruch zwischen den Werten der Zivilisation und der Barbarei. Er ist vergleichbar mit einer inneren Stauchung, die dazu führt, dass sich im Westen Teile seiner Ohnmacht gegen ihn selbst richten. Seine Ohnmacht, wenn es darum geht, einen subjektiven, bewohnbaren Raum für die Jugend in der Welt zu schaffen.

Das entschuldigt nichts, kein Verbrechen. Der Faschismus ist abscheulich, egal in welcher Form. Aber wir müssen begreifen, dass wir nicht zulassen dürfen, dass uns dieser Widerspruch zwischen dem mörderischen Nihilismus der Faschisten und der imperialen, zerstörerischen und leeren Entfaltung des Kapitalismus zu seinen Agenten macht. Wir dürfen uns von diesem Widerspruch nicht leiten lassen, in keiner unserer wesentlichen Bestimmungen.

Wir leiden unter dem weltweiten Fehlen einer Politik, die dem Kapitalismus nicht inhärent, sondern von ihm abgekoppelt ist. Dieses weltweite Fehlen einer solchen Politik ist der Grund dafür, dass eine faschistische Jugend in Erscheinung tritt und sich formiert. Nicht die faschistische Jugend, das Gangstertum und die Religion sind der Grund für das Fehlen einer emanzipatorischen Politik, die fähig ist, eine eigene Vision zu entwerfen und eigene Handlungsmodi zu bestimmen. Vielmehr schafft das Fehlen dieser Politik die Möglichkeit für Faschismus, Gangstertum und religiösen Wahn.

Das lässt mich an die Tragödie *Phädra* von Racine denken, an die Szene, in der Phädra ihre Liebe gestehen muss, die in ihren Augen verbrecherisch ist, und sagt: »Schon früher fing mein Unglück an.«*

Auch wir können sagen, dass unser Unglück schon früher

---

* Jean Racine, *Phädra*, übertragen von Friedrich Schiller. In: *Schillers Sämtliche Werke*, Stuttgart 1879, 1. Akt, Ende 3. Szene

angefangen hat, vor der Einwanderung, vor dem Islam, vor dem verwüsteten Nahen Osten, vor dem Raubbau in Afrika ... Unser Unglück fing mit der historischen Niederlage des Kommunismus an. Lange ist es her, in der Tat.

»Kommunismus« ist für mich weiter nichts als die Bezeichnung, die historische Bezeichnung für eine strategische Idee, die von der hegemonialen kapitalistischen Struktur abgekoppelt ist. Ihre Niederlage war vermutlich ab Mitte der siebziger Jahre des letzten Jahrhunderts besiegelt. Deshalb beginnt die hier vorgeschlagene Zeitrechnung in den achtziger Jahren, als die ersten gefährlichen Auswirkungen der Niederlage an der neugewonnenen Energie des Kapitalismus spürbar wurden.

Wo stehen wir heute? Im Kleinen wurden bereits Versuche unternommen, es gibt durchaus Überzeugungen; ich sage nicht, dass es nichts gibt. Wir haben eine ganze Reihe von Ansätzen, die ein neues Denken erst befruchten müsste. Wir haben ein klares Bild von den verfügbaren Kräften. Wir haben ein Wanderproletariat aus den meistverwüsteten Zonen. Dieses Wanderproletariat ist bereits heute und überall auf der Welt stark internationalisiert. Viele Arbeiter in Südkorea sind Nepalesen oder Bangladescher, unzählige Arbeiter hier in Frankreich sind aus Marokko und Mali gekommen. Dieses riesige Wanderproletariat bildet die virtuelle Avantgarde der gigantischen Masse von Menschen, deren Leben in der Welt, wie sie heute ist, nichts zählt.

Wir haben auch Intellektuelle, Menschen aus der Mittelschicht, auch der westlichen, die bereit sind für dieses neue Denken, die es mittragen oder es versuchen. Das Problem ist nur, sie müssten sich mit dem Wanderproletariat verbünden, sie müssten zu ihm gehen, es anhören, mit ihm reden. Ein neues politisches Denken kann nur in unvorhergesehenen, unwahrscheinlichen Allianzen entstehen, in Begegnungen auf Augenhöhe.

Und dann haben wir die Jugend. Eine Jugend, die, wenn sie aus den oben beschriebenen Gründen am Rand der Welt landet, sich fragt, was diese Welt ihr zu bieten hat. Vielleicht hat sie keine Lust, in eine der drei typischen subjektiven Figuren zu schlüpfen. Keine Lust, das Lied zum Ruhm des Westens zu singen; keine Lust, von der Sehnsucht nach diesem Ruhm beseelt zu sein und ihre Zukunft darauf aufzubauen; und auch keine Lust, sich den mörderischen Nihilismus zu eigen zu machen. Solange ihr aber kein anderer strategischer Vorschlag unterbreitet wird, so lange wird sie in ihrer essenziellen Verunsicherung verbleiben. Der Kapitalismus ist eine Maschine, die das Subjekt verunsichert. Das trifft alle, die sich damit zufriedengeben, sich in der Leere des Binoms Konsument/Erwerbstätiger häuslich einzurichten.

Erst dieser andere strategische Vorschlag, erst die Befruchtung durch ein neues Denken wird dem heutigen Faschismus ein Ende bereiten können. Nicht die widerwärtigen Kriege des Staates, die nichts Gutes versprechen. Die Fähigkeit, die schleichende Faschisierung zu absorbieren und zunichtezumachen, wird daher rühren, dass etwas anderes unterbreitet wird. Wir werden eine vierte typische subjektive Figur erschaffen, die die Herrschaft des globalisierten Kapitalismus hinter sich lassen will, ohne sich im Nihilismus einzurichten, dem mörderischen Avatar der Sehnsucht nach dem Westen. Das ist das Wesentliche. Dafür bedarf es besonderer Allianzen, und wir müssen in einem anderen Maßstab denken. Dafür müssen sich die Intellektuellen und die verschiedenen Teile der Jugend organisch verbinden, zunächst im Kleinen, dann auch übergreifend, es gibt viele Möglichkeiten … Und ja, sie müssen sich einen Ruck geben und einen Schritt auf das Wanderproletariat zugehen.

Es besteht Handlungsbedarf, und zwar ein strategischer Handlungsbedarf, der alle angeht. Das bedeutet Arbeit, eine Arbeit für uns alle. Aber es ist nicht nur Denkarbeit, sondern auch eine Wegstrecke: hingehen und sehen, wer dieser andere ist, über den gesprochen wird, wer er wirklich ist. Sein Denken, seine Ideen, seine Sicht der Dinge zusammentragen, um uns dann gemeinsam, der andere und ich, einer strategischen Vision der Zukunft der Menschheit zu verschreiben, die den Gang der Menschheit in eine andere Richtung zu lenken versucht und sie dem undurchschaubaren Unglück entreißt, in das sie gerade versinkt.

Ich habe einen unerschütterlichen Optimismus – nicht wahr? –, also denke ich, dass genau das getan werden wird. Doch die Zeit drängt, sie drängt immer mehr …